U0147671

悅讀中國

拯救塔里木河

丁春 著

人類只是自然界的一部分，
　　自然界永遠不會順從人類。

這是一本關於塔里木河流域生與滅、存與亡的書。

這是一本關於人與自然和諧共處的書。

這是一本中國第一內陸河流域生態文明復興的書。

審視工業文明和農業文明，我們清楚地看到，我們的環境曾經遭到過破壞。人類為了自身發展曾掠奪性地從大自然中攫取資源。然而，在獲得財富的同時，也遭到了懲罰。

人類是自然之子，我們應該崇尚綠色倫理、生態倫理。在追求財富的同時，應加強對環境的呵護。

感恩自然，是我們人類應具備的倫理觀與道德觀。

引子

塔里木河是中國最大的內陸河，也是新疆各族人民的母親河。在維吾爾語中，「塔里木」是「土地」「種田」或者「可耕種的土地」的意思，也有人認為，它是「無韁之馬」的意思。不管哪個含義更加準確，我們都可以從這個名字中看出來，它曾經像一匹無韁的野馬，奔騰千里，氣勢洶湧，為大漠中的土地帶來灌溉之利。

　　當充滿激情的太陽將崑崙山、天山、喀喇崑崙山和阿爾金山等山脈的冰雪化作晶瑩剔透的精血，輸送給塔里木河和它的支流，塔里木河水系便無私地滋養出一片片豐美的綠洲。在歷史上，塔里木河曾經有過九條支流，分別是阿克蘇河、和田河、葉爾羌河、喀什噶爾河、渭干河、迪那河、孔雀河、車爾臣河及克里雅河，形成一個向心式的水系。

　　西元四到五世紀及以前，塔里木河先匯入孔雀河，然後從北面注入羅布泊。那時的羅布泊，「廣袤三百里，其水停居，冬夏不增減。」此後，塔里木河經歷了一次改道，孔雀河是從鐵門堡分出的依列克河與塔里木河交會，從南面先入喀拉和順，再入羅布泊，羅布泊的水面有所縮小。一九二一年，塔里木河在英買裡沖大一個灌溉草場的渠道，形成拉依河，到普惠入孔雀河，沿著古代已乾涸的鐵板河，從北面再入羅布泊。一九五二年，塔里木河重歸故道，與孔雀河分離流入臺特瑪湖。一九六二年以後，曾經是塔里木河尾閭湖的羅布泊逐漸乾涸。

　　古代的塔里木河流域，土地肥沃、遍地綠洲，是西域文明的搖籃。許多古代民族在這裡建城立國、生息繁衍，創造了多姿多彩的西域文明，如樓蘭、若羌、且末、于闐、尉犁、輪臺、龜茲、溫宿、莎車、疏勒等等。它們留下的遺址和文化遺存，至今吸引著世界的目光。塔里木河流域是中西文化交流樞紐和古代絲綢之路的主要通道。在兩千多年的時間裡，商人們趕著駝隊來來往往，

新疆各族的母親河——塔里木河

把產自中國的絲綢、瓷器等產品運往西方，把西方的產品運往東方，溝通了中華文明、印度文明、波斯文明和希臘文明。

　　現在的塔里木河，其源流僅有上源的阿克蘇河、和田河、葉爾羌河以及下源的孔雀河。上源的三條支流在阿克蘇境內的肖夾克匯合後，始稱塔里木河。塔里木河水系今天的這種格局，被稱為「四源一幹」。其幹流全長一千三百二十一千米，如果從葉爾羌河算起，它的長度是二千一百七十九千米，是中國最長的內陸河。塔里木河幹流的流域面積十九點八萬平方千米。我們習慣上說的塔里木河流域，是環塔里木盆地九大水系一百四十四條河流的總稱，全流域面

新塔里木胡楊林公園

積涵蓋了新疆南部一百零二萬平方千米的範圍，水資源總量四百二十九億立方米。塔里木河流域內有五個地區（自治州）四十二個縣（市）和新疆生產建設兵團五個師的五十五個團場。

　　對新疆人民來說，塔里木河是故鄉之河、母親之河、生命之河。塔里木河之水，孕育出新疆古老的綠洲文化。塔里木河流域那些胡楊，那些紅柳，那些綠色植被，那些人們賴以生存的土地，曾經澎湃著生命的圖騰。

　　然而，現實是殘酷的。塔里木河流域內特殊的氣候、地理條件及相對貧乏的水資源，導致這裡的生態環境異常脆弱。數十年來，塔里木河流域人口增加，導致了對水資源的無序開發和低效利用，致使向塔里木河幹流輸送的水量逐年減少，水質也不斷惡化，甚至幹流下游近四百公里河道斷流，塔里木河的尾閭湖泊臺特瑪湖乾涸，湖濱大片胡楊林死亡。塔里木河生態環境的日趨惡化，已成為制約流域經濟和生態環境可持續發展的主要因素。

長期以來，人們認為大自然的恩賜是取之不盡、用之不竭的。但實際上，發展不是免費的午餐，人類與自然系統之間長期處於「生態赤字」階段。特別是工業化以來，人與自然之間的「生態赤字」被不斷地拉大。塔里木河的危機，就是這種「生態赤字」的一種表現。

　　二十世紀後半期，綠色發展、可持續發展逐漸成為人們的共識。在中國，這體現為：國家發展規劃的指導與引導、地方政府的綠色發展創新與行動、社會各界的責任與使命。在這樣的大背景下，拯救塔里木河的行動已經刻不容緩。人們要把原來的「生態赤字」，轉化為人與自然和諧相處的「生態盈餘」。

水危機 01章
大自然的警告

大自然是人類之母，人類只有一個地球，而且只有這樣一個地球。工業革命以來，由於人類對地球資源的掠奪性開發，我們的「自然之母」已不堪重負。我們賴以生存的自然環境正向我們不斷地敲起「警鐘」，亮出「黃牌」。請看這組怵目驚心的數字：全球每年消失的熱帶雨林面積為 1339 公頃，每年的土地沙化面積達 600 萬公頃；到二十世紀末期，滅絕的動植物物種已經達 100 萬種。照目前這種勢頭發展下去，大自然的美將不復存在，人類的生存將受到致命的威脅。

　　眾所周知，自然界中，水是生命之源。但是，日益嚴重的世界性水危機，正在威脅著地球生物的生存。統計數據表明，地球上的水總量為 14.4 億立方公里，有 3.499% 是地下水，0.001% 是大氣水，剩下的 96.5% 集中在海洋裡。在這 3.5% 的淡水中有 87% 以冰帽和冰川的形式存在於地球兩極。由此可見，能夠用來飲用和灌溉的水數量很少，而世界範圍的用水量從五〇年代以來卻增加了三倍。

　　世界觀察協會公布的一份資料顯示：現在占地球面積 60% 以上的 40 多個國家嚴重缺水。由於過量抽用地下水，使得其水平面目前下降到一個危險的程度，特別是在中東、中國、印度、墨西哥、泰國和北美。每年因水源不衛生而生病的人數超過五億，至於因飲水污染而生病死亡或嚴重缺水的人每年達一千萬。

　　同樣，作為新疆八百多萬人民母親河的塔里木河，在二十世紀後半期也出現了嚴重的水危機。曾經像「無韁野馬」一樣奔流千萬年的塔里木河，在下游地區出現了多年斷流的現象，直接威脅著塔里木河流域生物的生存。

　　這是一個不容置疑的危險警告！

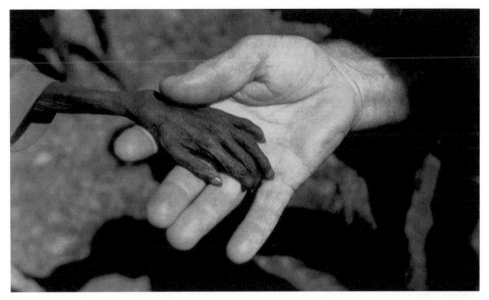

怵目驚心的旱災

水的恩賜

　　曾幾何時，塔里木河流域是一片神奇的土地。這裡地域廣袤，河流眾多，它把散落的綠洲珍珠般串連起來，把盈盈千水的小河匯編成程序，將一條條鮮活的溪流匯入塔里木河，土地便有了生命的機緣。千百年來，南疆各族人民傍水而居，依水為生，從而形成了地域不同、風格各異的民族文化，並與胡楊、大漠相映成趣。塔里木河將堅韌不拔、浩瀚廣袤、寬厚慈愛的自然秉性融為一體，在漫漫黃沙之上、各個綠洲之間，形成了既獨立又相聯的文化體系。其自然、歷史、文化和社會意義，已遠遠超出了河流本身的內涵。

　　塔里木河，依傍著崑崙山，經千丘萬壑，在萬里奔馳中，躍然出鮮明個性，將我們帶進神奇世界，讓我們領略到它堅強不屈的秉性，同時又感受到它

千錘百煉、不屈不撓的堅強信念！

正是這奔騰不息的塔里木河，滋潤著土地、綠洲，給這個美麗的盆地提供了生命的給養。

塔里木富，富在水上；塔里木美，也美在水上。回首遠古，塔里木是絲綢之路連結中亞商旅的驛站；塔里木的文化色彩處處呈現出「屯墾文明」的烙印，它是古絲綢之路西域人類文明的綠色走廊。

塔里木綠洲有三寶：紅柳、胡楊、馬鹿——

紅柳扎牆牆不倒；胡楊鹼熬水治感冒；騎上塔里木馬鹿才能把丫頭子找。

塔里木綠洲有三吃：烤魚、烤羊、爬樹雞（在樹上過夜的雞）。

新疆維吾爾族著名歌唱家克里木，曾經創作演唱過一首《塔里木河，故鄉的河》，歌中唱到：

> 塔里木河呀，啊故鄉的河，
> 多少回你從我的夢中流過，
> 無論我在什麼地方，
> 都要向你傾訴心中的歌。
> 塔里木河，故鄉的河，
> 我愛著你呀美麗的河，
> 你撥動著悠揚的琴弦，
> 伴隨我唱起歡樂的歌。
> 哎！塔里木河呀，故鄉的河，
> 你用乳汁把我養育，母親河。
> ……

這首激昂慷慨的歌曲，表達了歌者對塔里木河兩岸人民與水的情懷。同

時，它也傳達了一個重要信息——塔里木河是新疆人民的母親河，是生命之源、文明之源、文化之源。

在塔克拉瑪干沙漠邊緣，在塔里木河流域，有水就有綠洲，有水就有人煙。塔里木河，以其游蕩不定、興衰枯榮的自然屬性演繹著滄海桑田的歷史變遷，以其穩固邊疆、維護穩定的社會屬性護衛滋養著這條綠色屏障，又以其特有的人文屬性創造了令人嘆為觀止的綠洲文明，維護著人類的生存家園。它能

塔里木河，故鄉的河

塔里木河航拍圖

在被譽為「死亡之海」的蒼茫大漠中創造出樓蘭文明、古絲綢之路的盛世輝
煌,也能殘酷地將其建造的綠洲文明葬身沙海。它自古以來就主宰著這裡的自
然生態、人類生存、經濟發展和文明進步的腳步。

　　翻開歷史,我們不難發現塔里木河存在的重要性,以及塔里木河流域曾經
的富饒與輝煌:

　　──在塔里木河水系的滋潤下,乾旱的塔里木盆地中出現了大量的綠洲。
目前,新疆地區的綠洲大約有六萬平方千米,其中大半是塔里木河水系的傑

作，較大的綠洲有塔里木河谷綠洲、葉爾羌河綠洲、阿克蘇綠洲、喀什噶爾綠洲、和田河綠洲、焉耆盆地綠洲等。這些星羅棋佈的綠洲，養育著800多萬人口。塔里木河下游地區，已經深入了塔克拉瑪干沙漠的腹地。寶貴的塔里木河水，維繫著世界上最為重要的胡楊林生態環境，決定著沙漠和綠洲的進退。

——塔里木河流域草地資源豐富，類型繁多，面積遼闊。流域草地總面積2389.84萬公頃，占全疆草地面積的41.7%，占流域土地總面積的22.48%，其中可利用草地面積1995.14萬公頃，占全疆可利用草地面積的41.56%。流域內草地類型繁多，新疆11個大類的草地在這裡均有分布。其中山區草地類型共分10大類，27個亞類，廣泛分布於天山、崑崙山和帕米爾高原；平原區草地類型較少，只有溫性荒漠、低平地草甸和沼澤草地3大類，11個亞類。

——在塔里木河流域山區，分布著許多珍稀野生動物，如盤羊、北山羊、岩羊、馬鹿、雪豹、猞猁、棕熊等。平原荒漠區野生動物主要有野駱駝、鵝喉

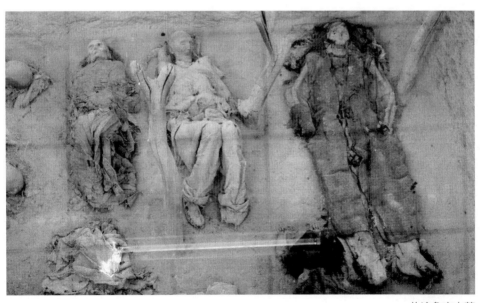

扎滾魯克古墓

風光綺旎的博斯騰湖景區

博斯騰湖海仙山景區

博斯騰湖阿洪口景區一角

羚、塔里木馬鹿、野豬、沙狐、草原斑貓、塔里木兔等。其中塔里木馬鹿、塔
里木兔是塔里木盆地的特有物種。在高山上有兀鷲、禿鷲、胡兀鷲、雪雞、黃
嘴山鴉、高山嶺雀、雪鴿、雪雀等為代表，山地森林有蒼鷹、松雞、啄木鳥、

斑鳩等,在草原上有草原雕、紅隼、紅嘴山鴉、椋鳥、百靈等。巴音布魯克天
鵝保護區是中國大天鵝夏季的集中繁殖地。在塔里木河各水系中,分布有多種
土著魚類種群,以新疆大頭魚和塔里木裂腹魚為典型代表,近些年引入了以

鯉、鯽、草、鰱、鱅為代表的經濟魚類。在平原綠洲區，還繁育著多種家禽、家畜，種類以雞、鴨、鵝、羊、豬、牛、馬、驢為主。

——塔里木河流域旅遊資源豐富，境內著名的自然旅遊資源有：中國最大的內陸河——塔里木河，最大的內陸淡水湖——博斯騰湖，巴音布魯克天鵝湖；素有「冰山之父」之稱的慕士塔格峰，各具特色的公格爾山、慕士山、慕孜塔格峰等；舉世聞名而又獨具神祕色彩的「鹽澤」——羅布泊；世界第二大流動性沙漠——塔克拉瑪干沙漠景觀；阿爾金山自然保護區等。塔里木河流域不僅有各種自然的奇觀異景，而且還保留了大量的古代文明遺址，人文旅遊資源也十分豐富。在塔克拉瑪干沙漠深處和周圍，已發現的古城遺址就有四十餘座，僅阿克蘇境內古「絲綢之路」通道上，就有全國和自治區的重點文物保護單位五十九處，如克孜爾千佛洞、龜茲古城、阿帕克霍加墓（俗稱「香妃墓」）、艾提尕爾清真寺、古樓蘭遺址等等。除此之外，南疆人民在與嚴酷的自然條件長期鬥爭中創造的現代歷史文明，如橫穿塔克拉瑪干沙漠的「沙漠公路」、和田「千里葡萄長廊」、庫爾勒綠洲香梨園等也是中外遊客企望駐足的旅遊熱點之一。特殊的地理位置、奇特的乾旱區風光、濃郁的民族色彩和悠久的歷史文化遺產構成了塔里木河流域旅遊資源的總體風貌，成為新疆乃至全國最具旅遊業發展前景的地區之一。

這一切，都來自於水的恩賜！

生命之源

新疆是中國高山積雪資源非常豐富的地區。據中國科學院蘭州冰川研究所發佈的研究數據，新疆冬季積雪鼎盛時期達到三百六十一億立方米，阿爾泰

山、喀喇崑崙山、天山、崑崙山等高山，彷彿一座座白色的水庫，它們的高山融水化成一道道清泉，流淌到新疆的大漠之中，匯聚成一道道河流，滋養著乾旱的大漠。在這些河流之中，塔里木河就是最大的一條。

在乾旱的塔里木盆地，河流所到之處，就會出現一片片綠洲，胡楊、紅柳、白榆、梭梭生長在河流的兩岸，成群的動物在這裡繁衍生息。它們還形成一片綠色的走廊，衛護著人類的生存。就是這一條條的河流，滋潤出新疆地區古來的西域文明，為我們了留下一個個令人神往的古國。

新疆地區氣候炎熱乾燥，地表水的蒸發量與滲透量很大。新疆境內的河流，除了北疆的額爾齊斯河外，其餘的河流都困守於大陸腹地，永遠沒有達到海洋的機會。於是，自古以來，保住水源，合理地開發利用珍貴的水資源，就成為在這片內陸腹地上生存下來的第一要務。水，在新疆的土地上，是名副其實的與每個人的生活息息相關的生命之源。

二千多年前，塔里木河流域曾經有過一個叫做樓蘭的古國，是貫通歐亞大陸的古絲綢之路上的重要樞紐。然而，在經歷了數百年的繁盛之後，樓蘭文明消失了。十九世紀末二十世紀初，瑞典考古學家斯文・赫定為了尋找古樓蘭文明，六次深入大漠。他冒著生命危險，多次戰勝了死亡的威脅，終於找到了古樓蘭的遺址。在樓蘭遺址上，斯文・赫定發現了一條寬約百米、深約四五米的乾涸的河床，通向羅布泊的方向。赫定認為，這曾經是古樓蘭人的生命之河。生命之河乾涸了，一個古老文明就消失了。

樓蘭古城遺址

不僅樓蘭，史籍記載的數十個文明古國，現在我們往往要到乾燥的大漠中去尋找它們的蹤跡了。且末、尼雅、莎車……這一個個出現在史籍中的名字，有的即使現在還在，也早已失去了曾經的風采。這一切都源自一個原因：水。由於缺水，這些文明被大漠吞噬。

　　今天的塔里木河流域，再次面臨著缺水的威脅。在南疆地區，以往較長時期內在追求作物產量和追求耕地面積的擴大過程中，失去了水土平衡。換言之，就是發展農業主要靠耕地面積的擴大，發展農業靠追求作物產量而不注重質量，導致了水土不平衡。據介紹，塔里木河流域水土開發最高峰是在二十世紀六〇年代。但是，從那個開發高峰到現在，這裡的實際耕地面積並沒有太多的增加。主要原因在於：人們一方面開荒，一方面撂荒。在個別年份，撂荒的面積比開荒的面積還要大。所以，現在許多荒地都是撂荒地。為什麼撂荒？主要是水的問題，或是缺水或是鹽鹼，都與水有關。

胡楊秋色

塔里木河流域光熱條件好，只要有水就能種地，於是出現近水樓臺先得「地」，誰離水近，誰就先用、用足。塔里木河的源流、幹流中上段多年來存在隨意堵、扒口漫灌或者架泵取水，導致水土失衡、生態惡化。塔里木河流域內所發展的農業都是灌溉農業，這和西北其他地區不一樣，水澆地占到百分之九十三以上。由於水蒸發量大、滲漏大、水價過低、灌溉技術落後等原因，用水量十分驚人，現在塔里木河流域各灌區畝均毛用水沒有少於一千方的。平時澆地大多以漫灌為主，而且重灌輕排，導致地下水位上升，鹽漬化加重，實在是怵目驚心。喀什地區鹼地占整個耕地面積的百分之八，阿克蘇地區如此，巴音郭楞蒙古自治州如此——鹽鹼化已到了非治不可的地步。許多地區雖然鹽鹼化但又不能不種，結果只好用更多的水洗鹼、去壓，或者再撂荒，這就是水土失衡的最基本的表現。

新疆地廣人稀，這是指一百六十六萬平方公里範圍內的地廣人稀，而就適合各族人民生活、生產的綠洲來講，人口密度是每平方公里二百多人，高於全國平均數近一倍，人口壓力是可想而知的。由此帶來了一系列問題，綠洲的生態也出現了惡化，而集中在各類生態問題交叉點上的，還是水。

發展經濟、提高人民生活水平，從衣食住行到農產品基地的建設，從初步生產勞動到現在的石油天然氣的勘探開發，這些都需要水。在市場驅動之下，每個經濟熱點、每個經濟增長點的產生都會導致新一輪水資源的短缺。一旦失衡，塔河下游那種已經斷流的情況會重現於另一流域。已經乾涸的湖泊，如臺特瑪湖，也會在另一地區冒出新的翻版。這兩個不平衡歸結到一點就是水的問題。治理塔里木河關鍵是要合理科學地用水。

有一年，我自費環遊了塔里木河，北上南下，塔里木河流域彷彿一條綠色的項鏈，緊緊懸掛在塔克拉瑪干的脖頸兒上，使得這片沙漠也有了生命的脈動。假如這條項鏈斷鏈，那麼這片世界第二大沙漠必將吞噬南疆所有綠色生命。

塔里木河流域的自然環境條件、經濟社會發展狀況、水利建設與管理的特

藍天白雲碧水胡楊林

點，讓我對塔里木河的重要性有了切身的感受。

塔里木河在南疆形成了一條天然的生態屏障，的確是一條不可或缺的生命之鏈，它以頑強的姿態，護衛著流域內的城鎮、農村、公路、鐵路、糧棉生產基地、石油化工基地，保障了社會經濟的正常進行。

然而，伴隨著水土資源的過度開發利用，導致流入河流下游地區的水量大幅度減少，造成天然綠洲萎縮，生態環境惡化，若不加以治理，這幾個源流也有與幹流脫離的危險。幹流胡楊林面積比二十世紀五〇年代減少了三一〇萬畝，草場退化一二七八萬畝，其中下游天然植被減少幅度最大。受下游綠色走廊阻隔的塔克拉瑪干沙漠與庫姆塔格沙漠逐漸靠攏，綠色走廊瀕臨毀滅。

失去了生命之源的滋養，塔里木河逐漸失去了昔日的光輝。依賴塔里木河水生活的人們，面臨解決生命之源的難題。

缺水難題

二十世紀五〇年代初期，塔里木河全流域的耕地只有一千多萬畝，現在發展到二千三百萬畝，增長了一倍。耕地用水多了，河湖用水就少了，就萎縮了，羅布泊消失了，臺特瑪湖乾了，塔里木河下游斷流了三百公里，造成地下水位下降，引起了土地沙漠化，生態林乾枯，塔里木河下游胡楊林面積由五十年代八十多萬畝減少到十多萬畝。土地沙化導致氣候惡化，新疆風沙日由六〇年代的每年四十二天增至如今的一百三十天，沙漠化面積每年以十二萬畝的速度增加，已占到新疆面積的 56%。大水漫灌，地下水位上升，使 1／3 的耕地鹽鹼化，為了洗鹽，大量含鹽的水又排入河中，造成河水湖水污染。塔里木河阿拉爾的河水礦化度已達到 1.85 克／升，下游最高時達十克，幾乎不能用。

在世界第二大沙漠所在地巴音郭楞自治州境內，少雪少雨是不言而喻的。各族人民群眾的活動區域主要集中在戈壁、沙漠地帶，年降水量超過一百毫米的不多，因而乾旱少雨是巴音郭楞蒙古自治州的主要特徵。從氣象、水文觀測資料看，年降水量多年平均圖上顯示：全新疆一年約有二千四百億噸水降落到地面，折合年平均降水量約為一五〇毫米，但它僅是中國年平均降水的四分之一。降水少決定了新疆南疆地區的乾旱面貌。

戈壁、沙漠地區，水分大量蒸發，也是乾旱的一個重要原因。廣闊的沙漠、戈壁地區並無地表徑流，也無地下水溢出，因而其蒸發量僅能與當地數量不大的降水量相等。所以，在巴音郭楞蒙古自治州首府庫爾勒市，水對於各族人民群眾來說，彌足珍貴，有滴水如油之說。

孔雀河，亦稱飲馬河，傳說東漢班超曾飲馬於此，故稱飲馬河。孔雀河是罕見的無支流水系，其唯一源頭來自博斯騰湖，又從湖的西部溢出，故名孔雀河。其原來終點為羅布泊，後因農業發展，在大西海子水庫之後便季節性斷流。

孔雀河穿鐵門關峽谷流經庫爾勒市，是庫爾勒市工業、農業、人及牲畜飲水的命脈。在新疆，像庫爾勒一樣擁有一條穿城而過的河流的城市是極為罕見的。但是，多少年來，庫爾勒市民並沒有享受到孔雀河的美景，住在兩岸的維吾爾族老鄉都叫它「皮匠河」。因為人們常年在河邊洗羊皮，致使水質受到嚴重污染，孔雀河變成了臭羊皮河。二十世紀九〇年代，隨著塔里木石油的勘探開發，庫爾勒市開始著手建設孔雀河風景旅遊帶。孔雀河風景旅遊帶上起 314 國道孔雀河大橋，下至英下鄉太陽島，全長約十公里。這個項目總投資六點五億元，使穿城而過的十公里河面擴展到了原來的二到三倍，兩岸全由花崗石砌成，道旁是綠化帶，在新獅子橋至建設橋之間的河坡上，還布置了二十處石階和不鏽鋼複合管金屬護欄。初步規劃有四個公園（植物園、孔雀公園、青少年公園、民族風情園），五座橋梁（獅子橋、梨香橋、建設橋、葵花橋、建國橋），七處景點（釣魚園、梨香園、觀景臺、風帆廣場、百花園、孔雀廣場、團

一望無垠的沙漠和胡楊

結花園）。

　　二〇一三年十二月十七日的《巴音郭楞日報》，新聞時評評論員姚成撰文稱：經過三年的努力，巴音郭楞蒙古自治州在博斯騰湖的保護方面取得了一些成績，但是，形勢依然很嚴峻。為了積極應對博斯騰湖低水位運行的嚴重水

塔克拉瑪干沙漠雪景

情，巴音郭楞蒙古自治州二年需要減少用水十億立方米。原因之一是開都河進
入枯水期，水量減少導致孔雀河多處結冰，致使天鵝的活動範圍縮小。

　　不爭的事實說明了同樣一個問題，即博斯騰湖的水量不斷減少，甚至可能
面臨無源之水的險情。

　　水再這樣減下去怎麼辦？

生態告急 02章
塔河流域的喘息

沙漠綠洲秋景

　　人類走出矇昧之後，先後經歷了農業文明和工業文明。工業文明是人類創造出巨大物質財富的時代，但是隨著社會的發展與進步，人類也遇到了前所未有的生態危機。英國歷史學家湯因比曾經告誡：「過去人類由於無法抗拒的自然力量，曾幾次瀕臨滅絕的威脅，但是人類還是第一次知道，自己的行為或錯誤將會直接決定自己未來的命運。」當人類違背自然規律以強勁的勢頭一味索取的時候，所收穫的就只有越來越惡化的生態環境。

　　塔里木河的遭遇就是這種情況的真實寫照。

　　正如前面所說，塔里木河流域最大的問題就是水資源危機。它帶來的直接後果，就是塔里木河流域生態環境的日益惡化。由於水量銳減，塔里木河下游遭受了三十多年的斷流之禍。羅布泊、臺特瑪湖相繼乾涸，有「沙漠綠色衛

士」之稱的胡楊林大量枯死，塔里木河節節敗退，而狂風和黃沙卻步步緊逼，形成「沙進人退」的慘痛局面。

塔里木河流域生態環境的惡化，不僅嚴重危及下游各族人民以及新疆生產建設兵團五個團場的生存，還影響了第二條進疆大通道——218 國道。走在塔里木河下游，我們看到的是大片枯死的胡楊林，是被日益壓縮的綠洲，是塔里木河無奈的喘息。

生態惡化之禍

我們從一組數字看一看塔里木河面對的生態危機：

二十世紀五〇年代初開始，昔日水波蕩漾的羅布泊逐漸乾涸了；

從二十世紀五〇年代到九〇年代的四十多年間，塔里木河幹流的長度縮短到一〇〇一公里；

二十世紀六〇年代到九〇年代的三十多年間，庫魯克塔格大沙漠每年以三至五米的速度，向西推進了約七十公里，造成塔里木河下游的五個團場的五萬人口被迫棄耕搬遷；

一九七四年，曾經作為塔里木河尾閭湖的臺特瑪湖徹底乾涸；

一九九三年，塔里木河下游的一個重要水庫——大西海子水庫，有史以來第一次完全乾涸了；

二十世紀九〇年代，塔里木河下游「綠色走廊」的上百萬畝胡楊林瀕於枯死，大面積的蘆葦沼澤植被和紅柳灌木基本消失，綠色植被帶寬度從二十世紀四〇年代的五至十公里，降至二至五公里；

二十世紀九〇年代，塔克拉瑪干沙漠東緣的若羌至庫爾勒公路，有一百六

河邊漫步

枯死的胡楊

十公里受到風沙危害；

　　塔克拉瑪干沙漠向東擴展，其面積從 20 世紀 50 年代初的 37 萬平方公里，增加到 1985 年的 42.1 萬平方公里，並且仍在繼續增加。塔克拉瑪干沙漠和庫魯克塔格大沙漠兩大沙漠，已在 100 多個點上合攏了；

　　在塔里木河下游的尉犁縣境內，由於有 14 萬公頃草場遭到破壞，導致草場沙化，風沙日數從 20 世紀 60 年代的年均 42 天，發展到了 20 世紀 80 年代全年 1/3 的天數；

　　塔里木河流域沙塵暴天氣增加，幹流地區沙漠化面積達 82%，其中下游地區沙漠化面積達 86%，比 20 世紀 50 年代末上升了 22%；

　　僅在 1998 年這一年，由於接連不斷的大風、霜凍和冰雹的襲擊，使得塔里木墾區 2 萬多畝香梨絕收，13 萬畝棉花重播了 4 次，經濟損失逾億元。

棉花被暴雨冰雹打成光桿

......

　　氣象統計資料顯示，自 20 世紀 80 年代以來，在塔里木河流域廣袤的土地上，近 20 年來降水量比前一個 20 年增加了許多，每年 7、8 月的平均降水比 20 年前增加了近 21%。所以，有關專家分析研究後得出結論：造成塔里木河斷流的直接原因是塔里木河上、中游流域無計劃的土地開發，不僅嚴重破壞了源流區和幹流區的水土平衡，還因無序引水、開口造成了水資源的驚人浪費。

　　據介紹，20 世紀 90 年代的時候，塔里木河幹流有 600 個排水口、300 個引水口。如果管不住，調水 100 個流量，到下游只有 10 個流量，沿途跑冒滴漏加上各自截流，將使塔里木河缺水的情形非常危急！坐在直升飛機上俯瞰塔里木河，可見主流沿線的「水龍」被 100 餘個「吸血鬼」蠶食著。上游在開荒，下游在棄耕。每逢汛期上游防洪搶險，下游乾旱無水，農民苦不堪言。

大漠「英雄樹」——胡楊

　　一九五八年之前，塔里木河是一條名副其實的淡水河，在阿拉爾到庫爾干之間的河水礦化度從未超過一克／升，但在一九九九年三至六月，塔里木河管理局在對這一流域重新監測檢驗時發現，河水礦化度已大於五克／升。這就證明，塔里木河正在悄悄演變成一條微鹹河或鹹水河。這不僅會對動植物有很大的影響，而且使塔里木河流域八百多萬人民的生產和生活都亮起了「紅燈」。

　　二十世紀九〇年代，被譽為新疆「英雄樹」的胡楊林，因為母親河流域的生態惡化而耗盡了生命最後的能量，大片大片地死亡。許多專家經過實地調查後向世人發出警告：「如果塔里木河流域再得不到有效的治理，那麼到二十一世紀上半葉塔里木河將不復存在，塔里木河流域將成為第二個樓蘭！」

羅布泊之殤

　　依羅布泊水域繁衍生息的羅布人是新疆最古老的居民，他們生活在塔里木河畔的小海子邊，「不種五穀，不牧牲畜」，而是用胡楊木鑿成小木舟以捕魚為生。他們使用的方言是新疆三大方言之一，其民俗、民歌、故事都具有獨特的藝術價值。他們是單一食魚的民族，魚兒豐富的營養使許多人都成為長壽老人，八九十歲的老人都是好勞力，而且還有一百多歲的老人娶妻安度晚年。更為稀奇的是，當年的羅布人結婚陪嫁的嫁妝是長輩賜予的小海子，這在世界上恐怕是絕無僅有的。

　　羅布人曾經人口眾多。他們所生活的區域就是水域遼闊的羅布泊，樓蘭王國就聳峙於此。西元前一百二十六年，張騫出使西域歸回都府，向漢武帝

羅布人村寨

羅布人的獅子舞

上書：「樓蘭，有城廓，臨鹽澤。」張騫筆下的「鹽澤」，就是我們今天說的羅布泊。大約在西元三世紀的時候，曾經創造燦爛文明的樓蘭王國神祕消失了。樓蘭王國消失之謎，至今仍有多種推測，其中之一就是因為生態環境的變化，這裡的居民無法生存下去。有史料佐證，當時的樓蘭居民並沒有馬上全部逃離，有的依然固守在羅布泊四周逐水而居，直到逐水而居的家園被乾旱和風沙不斷侵襲才不得不被迫離開。

大約在一百二十多年前，羅布泊發生了令羅布人意想不到的變化：太陽像一個大火球，彷彿要將羅布泊這口巨型「水鍋」燒乾，一天天，一年年，鍋裡的水越來越少，留下了漣漪般的大圈、小圈，泛出刺眼的鹼白色。湖泊裡的魚時常翻騰著白肚皮從水裡浮出水面。一位曾經為瑞典探險家斯文‧赫定當嚮導的羅布泊人奧爾德克曾告訴斯文‧赫定，他在湖中捕魚時，木舟經常會突然擱淺，這使他驚慌不已。後來，無法在此生存的奧爾德克被迫舉家逆塔里木河水

而上，至新疆尉犁的喀爾曲尕定居。其他人也四散而去，追尋新的生息之地。

最後的樓蘭城居民後裔羅布人遷出羅布泊的時間可以追溯到 20 世紀 60 年代。羅布人離開羅布泊的時空跨度大約持續了 1700 多年，這 1700 多年裡，羅布泊曾一度「峰迴路轉」，又有大量的水匯入，因此羅布人才會持續 1700 多年而依依難捨、故土難離。按 20 年為一代計算，他們在羅布泊又整整繁衍生息了 85 代。這 85 代人先後四散於新疆南疆地區的若羌、且末、尉犁和東疆地區的哈密、伊吾、鄯善以及青海、甘肅、西安、河南等地，直至 20 世紀 60 年代，最後一批羅布人才從羅布荒原遷徙至今天的尉犁喀爾曲尕，至今他們已經在那裡生活了半個世紀。

今天，羅布人的生活狀況如何呢？與新中國同齡的羅布人烏買爾・尼亞孜心情沉重地說：20 世紀 70 代，一些單位和個人就開始砍伐胡楊、紅柳，開墾農田，先是種小麥，1992 年以後改種棉花。那時，為了種糧食，當地人修築喀爾曲尕水庫，從塔里木河引水入庫，用於農田灌溉。當時水庫設計受益面積為 2000 公頃，但現在只能保證 600 公頃土地灌溉需要，不能滿足的部分，只好通過水泵直接從塔里木河抽水。由於缺水，地下水也逐年減少，難以補充。喀爾曲尕水資源礦化度已經嚴重超標，每升達到了 89 克，而國家制定的飲用水標準是 20 克。這些羅布人後裔已由 1987 年的 1000 多人增加到目前的 3980 多人，整整遞增了 3 倍之多，此外還有 8 萬多只牲畜。在這樣嚴酷的情形下，尉犁縣人民政府已採取生態移民措施，將他們搬遷至離喀爾曲尕 30 多公里以外的「新羅布人」村寨。

1972 年，美國總統尼克松訪問中國的時候，交給周恩來總理一張照片。這是美國的地球資源衛星傳回的羅布泊照片，真實地拍攝下了羅布泊已呈現出耳朵狀，其圖案中的「耳心」就是湖心。這幅圖片說明，羅布泊是逐漸萎縮而後慢慢乾涸的。

1980 年，中國科學家彭加木率領的科學考察隊，由北向南縱貫乾涸的湖底，打開了羅布泊的大門。然而，就在他們準備沿古絲綢之路南線再次橫貫羅

布泊地區的時候，彭加木為了給大家尋找水源，神祕地失蹤了，至今連遺體都沒有找到。一九九六年，曾經孤身徒步考察完「世界屋脊」青藏高原，獨自穿越過西藏阿里無人區的中國探險家余純順，在即將完成徒步穿越新疆羅布泊全境壯舉時，不幸遇難。救援人員發現，余純順遇難前，曾經用藏刀挖出兩個約一米深的大坑，似乎是在找尋水源。

羅布泊，這個曾經的中國第二大鹹水湖，這個被中國古籍稱為「幼澤」，即多水匯集之地的湖泊，歷經千萬年的風風雨雨之後，是什麼原因使它逐漸乾涸乃至徹底消失的？

有學者認為：由於塔里木河幹流中上游地區農牧業的不斷開發，塔里木河幹流源頭葉爾羌河、和田河、阿克蘇河匯集而來的水量逐漸被各自為陣的農牧業所吞噬，進而造成塔里木河水流量減少，使臺特瑪湖至羅布泊的水斷流，最終導致羅布泊完全乾涸。

如今，從衛星圖片上反映出來的羅布泊是一圈一圈的鹽殼組成的荒漠！活生生的羅布泊像一塊被驕陽烘烤乾的、被人遺棄的破抹布，這些圖景警告人們在西部生態極度脆弱的區域進行開發建設，必須以保護生態環境為首要目標。羅布人的遷移，為我們提供了「活化石」，使我們當代人不得不為之警醒！

羅布泊，作為塔里木河曾經的尾閭湖，作為一個曾經孕育過樓蘭文明的生命之源，在跨越數千年的時光後，神祕地失去了蹤跡。回首羅布泊的歷史，更使得人們感到，治理塔里木河迫在眉睫，不能讓它步羅布泊的後塵。

風沙逼人

一九五七年，新疆生產建設兵團農業第二師開進了塔里木。當時序號為塔

沙漠公路固沙

里木二場的三十五團就駐紮在塔里木東南最前沿，人稱風頭、水尾、沙打頭的地界。

在這塊地界上，有座西元二到三世紀修建的佛塔，經考古專家發掘發現了漢晉時代的彩棺以及古代中亞文字的遺存，在土垠遺址還發現王莽時期的錢幣。從這些古遺址及文化遺存分析，這裡的消亡是否與自然環境和生態惡化有著直接的連繫呢？

二〇〇〇年三月中旬，我又一次來到這片既充滿傳奇又面臨土地沙化威脅的土地。「這次來，和幾年前有什麼不同？」在塔里木農場奮鬥了二十多年，從農工到連長、科長一直升到團長的羅光榮這樣問我。

的確，塔里木已今非昔比。

當年的那一片片地窩子呢？早已不見，「水泥路」消失了，鏽跡斑斑的「人拉犁」堆在農機站的一個角落裡，風雨已將它們侵蝕得面目全非。

　　塔里木的太陽如火炭般燃燒著，我聽到土地的吱吱聲，好像在低吟著一首遙遠的歌。昔日塔里木地窩子的倒塌，以及「人拉犁」「水泥路」的消失，無疑標誌著塔里木向前邁進了一步。這些歷史的遺跡，不僅是歷史的回聲，也是一面折射明天的鏡子。

　　一九九五年初春，那會兒我還在兵團農二師報社當記者。那一次是我第三次走進塔里木。新疆兵團農二師塔里木墾區，共有五個農業團場，是塔里木河流域最下游的五個團場。

　　三十五團地處塔里木河最下游，東與羅布泊、庫姆塔格沙漠臨界，西南緊靠塔克拉瑪干大沙漠，是塔里木盆地東部邊緣「綠色走廊」中的一片小小的綠洲。然而，這片當年充滿生機而神祕的綠洲正在受到庫姆塔格沙漠和塔克拉瑪

生死胡楊

干沙漠的「夾擊」和「圍攻」！

缺水！

一片五〇年代末老軍墾人栽下的沙棗樹，因為沒有水死了。

一片六〇年代來自五湖四海的支青栽下的「札根樹」，因為沒有水也死了。

成片成片的胡楊林在枯萎，成片成片的紅柳花在凋謝，成片成片的綠色植被在無奈中死去。

一九九五年四月二十二日，我來到了這個團的生產八連，這是一個嚴重缺水的連隊。且不說那使人感到蒼涼而心悸的破敗的營房和連隊住宅區那足有二十公分厚的沙土，更讓人感到心酸的是那口已有幾十年歷史的半枯的水井。六〇年代初，井只有幾米深就可以取水，後來，隨著一年比一年乾旱，地下水

位急遽下降，井又經過數次加深，現在已加深到二十多米卻還滿足不了人畜飲水，況且水層淺，泥沙重，生活用水都要經過很長時間沉澱才能飲用。那天，我來到水井旁時，二十多米深的水井，水淺得只有可憐巴巴的四十公分，就是這四十公分水，卻要維繫連隊一百多號人的生命。一到冬季就更慘了，連隊裡的人往往要排成長隊，然後用繩子吊兩隻木桶，讓小孩坐一隻，用瓢往另一隻桶裡舀水，舀滿一桶水，再吊上來，再舀滿一桶水，再吊上來，反覆「運作」，就是這樣「運作」來的水，也是鹹、苦、澀俱全。

短短二十年間，流動的沙漠魔鬼般從東南東北和正東合圍而來。在風口，風沙以每年一到二米的速度推進。這個團的四連，嚴重的地方出現沙進人退，十二連的五號地已被沙龍殘酷吞沒。野獸般狂暴的風沙，大有將這片綠洲視若肥肉一樣吞食、大有將這片綠洲變成第二個古樓蘭之勢！面臨這樣的困境，面臨死亡之危險，有的農工含淚忍痛走了，有的另謀生路去了。

二十世紀九〇年代末期，塔里木河流域的土地沙漠化急遽發展，庫姆塔格沙漠與塔克拉瑪干沙漠對綠色走廊形成合圍態勢，各類植被以年均近萬畝的驚人速度銳減。以前被綠色走廊分隔開的兩大沙漠，這時候其最近處已經只相距八百米了！很明顯，如果塔里木河流域土地沙漠化得不到儘快治理，那麼兩大沙漠一旦合攏，後果將不堪設想。那樣的話，不僅給新疆的生態環境帶來不可估量的危害，而且勢必還將影響到甘肅、青海等周邊省分的生態環境，進而影響其經濟的發展與人民的生存。

嚴峻的「生態赤字」

胡鞍鋼教授在梳理中國人與自然關係的歷史軌跡的時候指出，中國生態的

歷史演變，是農業社會時期的「生態赤字」緩慢擴大，工業化時期「生態赤字」迅速擴大，而到了現在的綠色發展時期，「生態赤字」縮小，將來還要達到「生態盈餘」。塔里木河流域生態的歷史演變，也遵循這樣的一個過程。20世紀是塔里木河歷史上生態變化最劇烈的時期，這種歷史性的巨變，既為人們帶來了前所未有的繁榮和發展，也為塔里木河流域生態環境的惡化埋下了隱患。

新疆的老人們說，在20世紀初的時候，有一個名叫烏斯滿的牧民，為了澆灌他的一片草場，在塔里木河北岸挖開了一個口子。塔里木河的河水把這個口子越沖越大，順著傾斜的河床，從缺口奔流而去，消失在大漠戈壁之中。烏斯滿的這個盲目舉動使得塔里木河損失了汛期三分之二的水量。後來，從這個口子流出的河水沖出了一條新的河床，至今人們還把這條河叫作烏斯滿河。類似這樣的悲劇，在以後的日子裡並沒有完全消失。

20世紀40年代以前，車爾臣河、克里雅河、迪那河相繼與幹流失去地表水連繫。20世紀40年代以後，喀什噶爾河、開都河──孔雀河、渭干河也逐漸脫離幹流。

20世紀50年代開始，塔里木河流域的人口迅速增加。據統計，在20世紀初的時候，塔里木河流域僅有150萬人口，到了20世紀90年代，人口已經增到了800多萬。隨著人口的增加，塔里木河流域的耕地面積增加了10倍。人類擴張步伐的加快，加大了對自然的壓力，增長了對水資源的需求。由於對塔里木河流域水土資源的過度開發利用，進入河流下游地區的水量大幅度減少，造成天然綠洲萎縮，生態系統惡化。20世紀末期的塔里木河，彷彿一位不堪重負的老人，在不停地喘息。

從下面這些事例中，我們可以感受到塔里木河承受的巨大生態壓力：

──塔里木河流域土地沙漠化十分嚴重，根據1959年和1983年航拍資料統計分析，24年間，塔里木河幹流區沙漠化土地面積上升了15.6%。塔里木河下游土地沙漠化發展最為嚴重，24年間沙漠化土地上升了22.05%，特別是

1972 年以來，大西海子以下長期處於斷流狀態，土地沙漠化以驚人的速度發展。土地沙漠化導致氣溫上升，旱情加重，大風、沙塵暴日數增加，植被衰敗，道路、農田及村莊被埋沒，嚴重威脅綠洲生存和發展。春季是農作物生長的關鍵期，而此時河川徑流處於最枯時期，由於缺乏調蓄工程，常常因乾旱而大面積減產。2000 年，和田、喀什、克州、阿克蘇、巴州發生嚴重旱情，作物受旱面積達 249 萬畝，有 6.8 萬人和 38.9 萬頭牲畜出現飲水困難，旱災損失達 5.5 億元。據統計，1959 年至今，葉爾羌河發生過 15 次較大的冰川洪水，阿克蘇河支流庫瑪拉克河發生過 37 次突發性冰川洪水，甚至一年數次。1999 年，和田、喀什、克州、阿克蘇、巴州 5 地州遭受嚴重洪災，受災人口達 50 萬人，受災農田 85 萬畝，造成直接經濟損失 17.3 億元。塔里木盆地是一個封閉的內陸盆地，土壤普遍積鹽，形成大面積的鹽土。由於水資源利用不合理，

洪災圖

灌排不配套等原因，塔里木河流域內灌區土壤次生鹽鹼化十分嚴重。

——塔里木河流域的野生生物物種瀕臨危機。我們以塔里木河出產的世界珍稀物種狗頭魚為例，看一看塔里木河的生態危機。狗頭魚被列為國家保護動物。然而，受人為及環境等多種因素的影響，早在二十世紀八〇年代就已面臨資源衰退，如今更是趨向瀕危。今天，在曾是狗頭魚生活樂園的塔里木河，已很難尋到一條狗頭魚的蹤影。近幾年，個別利慾薰心者膽大妄為，在河裡亂捕亂撈，連小魚也不放過。據《工人日報》天訊在線網站報導，二〇〇四年十月，一位記者沿塔里木河中游行走，看到了傷心的一幕：塔里木河旁搭著簡易的帳篷，停放著農用車。特製的大型鋼鉸機牢牢固定在河岸邊，河中心有一張三十米寬的地籠網「鋪天蓋地」暗藏殺機。據捕魚者說，他們吃住在河邊，一趟要待十天時間，然後非法把魚賣到黑市上，每公斤狗頭魚最高價可賣到六十

生態赤字

元。據統計，新疆野生脊椎動物中鳥類有 364 種，獸類有 125 種，兩棲類、爬行類、魚類等共有 618 種，還有 2 萬多種無脊椎的昆蟲。而現在，這些野生動物（不包括昆蟲）已有數百種滅絕，另有很多也瀕臨滅絕。

——塔里木河水系的變化，更成為綠色植被的殺手。流域內原有的林木大片死亡，自然生態系統受到嚴重破壞。據統計，從 1958 年至 1979 年的 20 年間，塔克拉瑪干沙漠周緣的胡楊林面積，已經從 52 萬公頃銳減至 32 萬公頃；塔里木河下游、喀什噶爾河下游和葉爾羌河流域三處的胡楊林，竟減少了 60%。流域內草場的損失就更為嚴重，塔里木河下游的甘草地被破壞 14 萬多公頃，草場退化 85 萬公頃，其中下游天然植被減少幅度最大。曾經是「古木參天，紅柳叢生，沿岸胡楊排列成行」的塔里木河下游和克里雅河下游地區，胡楊林面積減少了 2/3。被塔里木河下游的「綠色走廊」阻隔住的塔克拉瑪干沙漠與庫姆塔格沙漠，現在正在逐漸靠攏，人類賴以屏障的「綠色走廊」瀕臨

毀滅的危險。

　　這些怵目驚心的事實，都和塔里木河水資源的過度開發有關。據統計，塔里木河水資源利用率均超過 65% ，遠遠超出世界乾旱區平均水資源利用率 30% 的水平。塔里木河出現了河道斷流，湖泊乾涸，地下水位下降的危險現象，水資源環境急遽惡化。20 世紀 70 年代以來，塔里木河下游大西海子以下 363 公里的河道，長期處於斷流狀態，並有向上延伸的趨勢。塔里木河的尾閭湖臺特瑪湖於 1974 年乾涸，下游阿爾干地區附近地下水位下降了 5 米，水質礦化度明顯提高。

　　與生態環境惡化相伴而來的，是氣候的惡化和土地的沙漠化。據統計，20 世紀 90 年代，塔里木河流域土地沙漠化面積不斷擴大，沙塵暴天氣增加。其中，塔里木河幹流地區沙漠化面積達 82% ，下游地區沙漠化面積更是高達 86% ，比 20 世紀 50 年代末上升了 22% 。流域內大風、沙塵暴災害性天氣由 20 世紀 50 年代年均出現 2 次，增加到 90 年代的 25 次！

　　人類的過度擴張，已經迫使大自然敲響警鐘，「生態赤字」不能再繼續擴大。

宏觀擘劃 03章
治河決策的出臺

人與自然的關係，不應該是征服與被征服的關係，而應該是和諧共處的關係。在塔里木河不堪重負的喘息聲中，人類開始探尋西域千年文明史的綠洲王國被沙漠吞噬的原因，探究近百年來塔里木河流域生態惡化的原因，尋求人與自然和諧相處的方案和策略。在塔里木河下游生態環境惡化、人類面臨生存危機之時，全面實施史無前例、規模宏大的塔里木河流域綜合治理，是歷史的抉擇、發展的抉擇、文明的抉擇，功在當代，利在千秋。

錢正英南疆行

一九九九年十月二十四日，全國政協副主席錢正英率領中國工程院專家考察組在新疆南疆進行了為期九天的考察。錢正英是中國著名的水利專家，在水利領域工作了一輩子。她從一九五二年起就擔任中國水利部副部長，一九七四年開始擔任水利部部長，她還是中國工程院的院士。

早在一九八一年，錢正英就曾經在南疆走了一圈。當時南疆的水利工作的基礎還很差，各族人民群眾的生活相當貧困。當時的自治區黨委剛決定把水利工作的重點轉移到南疆。轉眼十八九年過去了，跟那時比起來，南疆已發生了巨大的變化，無論是城市建設、農村人民的生活、經濟發展、民族團結、社會穩定等方面都取得了很大成就。

錢正英一行這次來考察的課題是塔里木河流域生態環境等情況。然而，塔里木河周邊生態環境已經退化，本來已有的沙漠植被正在枯死，有的已經枯

死。紅柳、胡楊林這種沙漠中的安全屏障已被自然和人為的「惡手」扼住了生命的咽喉，正奄奄一息。塔里木河流域水資源利用的過度和無序，以及全流域開墾荒地中的過度和無序是造成塔里木河流域周邊生態惡化的主要原因。有幾位水利專家在這次考察中列舉了塔里木河流域各個年代和各個時期的水文情況：五〇年代、七〇年代、九〇年代的數據顯示，上游的來水量九〇年代是豐水年，特別是阿克蘇河的水量增加了很多，可是流入塔里木河的水量卻逐年減少。

錢正英在阿克蘇地區考察時的一次會議上問阿克蘇地區水利部門負責人：「你們說你們的用水沒有增加，可上游來的水是增加的，而入塔里木河的水並沒有增加。」

錢正英聽取塔里木河治理狀況匯報

這位負責人說：「是兵團用水增加了。」

兵團水利的負責人說：「我們的用水沒有增加。」雙方各執己見。

錢正英說：「我們把各方面的資料、數據分析對照了，結果表明，地方用水按照規定增加了八億，兵團用水增加了十億，這是我們了解的情況，上游用水就這樣流掉了十八億立方。」的確，九〇年代以來，阿克蘇地區年年都是豐水期，比以往平均水量多。專家們有兩種看法：一種看法認為，是氣候變化的原因，全球氣溫增高、冰川融水增加，今後幾年水還會繼續增加。但是，這也可能帶來危機，那就是冰雪存量減少，危險就更大了。

第二種看法是：水文的正常波動，就是河流都會有一段是豐水年，有一段是枯水年。但現在都按豐水年來水量這麼用，枯水年怎麼辦？更何況，現在主要用水量的增加是塔里木河流域的耕地、開墾荒地的增加，過度和無序地開墾

錢正英一行在塔里木河邊

荒地，耗水量就會成倍增加。據資料顯示，八〇年代，塔里木河幹流兩岸的耕地是五十萬畝，後來增加到八十萬畝。

就在這一次考察匯報會上，有位專家匯報說：「塔里木河流域全長二千七百五十公里，挖口引水的有一百三十八處，大馬力抽水機有上百臺，各個單位以及個人開荒的不計其數，而塔里木河管理局卻沒有辦法制止。」

錢正英問塔里木河流域管理局的幹部：「你們為什麼對這麼嚴重的開荒不制止呢？」

塔里木河流域管理局的幹部說：「不行，個人的開荒還有辦法管，現在很多是集體的、單位的、法人的開荒，而且有好多單位的開荒有政府部門的批文。」

在這次考察中，錢正英根據各方面歸納了意見，概括起來有三點：一、南疆作為塔里木河流域應當看成是一個整體的生態系統；二、在塔里木河盆地的一些有植被的荒漠應當看成是塔里木河盆地周邊綠洲生態安全的屏障，是南疆西部產水地區把水輸送到東部無水地區的唯一通道，是東部乾旱地區的唯一水源；三、在整個塔里木河流域中，水資源的配置應當考慮到綠洲和有植被的荒漠，以及陸地和沙漠之間互相制約的關係。

眾所周知，南疆地區降雨量不到二十毫米，有的地方如且末、若羌年降雨量還不足二十毫米，而年蒸發量卻達到了二千到三千毫米。

情形萬分緊急。考察團已充分認識到：如果沒有一定的水資源和外來水資源的補充，塔克拉瑪干沙漠與庫姆塔格沙漠就會連接起來，南疆東部將來就要成為沙漠，對今後的氣候影響非常嚴重；風沙增多，對整個南疆周邊的綠洲都會形成威脅，甚至影響到周邊綠洲的生存和發展。

錢正英作為長期主持水利工作的部長，對新疆的水利工作參與很多，也非常了解，有許多項目也是她當部長的時候審批的。所以，對南疆水資源如何開發利用，錢正英仍然懷有擔心。於是，她建議中科院向國務院報告，把塔里木河列入國家大江大河的治理計劃。

在考察期間，錢正英和專家們親眼目睹了在塔里木河北岸一帶，因為沙漠公路一通，各類人馬都湧了進去，搭棚子的，擺攤位的，設電網電魚的。他們還親眼看見有人正在砍伐胡楊、紅柳，其情景讓人痛心。

錢正英和中國工程院組成的專家考察團的南疆之行，既讓他們感到欣慰，同時也感到沉重。欣慰的是南疆的經濟建設發展迅猛，各族人民群眾的生活水平提高很快；沉重的是塔里木河流域生態環境正在嚴重惡化，如不儘快採取措施，後果將難以想像，子孫後代將無法再在塔里木河流域兩岸繼續生存。到了那個時候，人類自己將成為千古罪人！

錢正英就塔里木河的治理、規劃等形成了文字的基本框架：治理塔里木河，要處理好三個關係，明確治理的總目標，這個總目標有三種方案、三種目標。第一種目標是保證大西海子水庫。因為塔里木河終端就是大西海子水庫，然而若要保持終端在大西海子水庫，也不容易。如果塔里木河生態繼續惡化，塔里木河還要縮短，終端大西海子水庫也將難以保證，這就要求取向中間目標，也就是第二目標；第三目標要讓水流到臺特瑪湖，治理目標就是臺特瑪湖。水能流到臺特瑪湖，就能恢復原來的塔里木河全長。總的原則是：控制上游，改造中游，確保下游。

這三個目標包涵有五項工程措施：第一項措施就是在河流的上游建設適當的山區水庫，來逐步廢除平原水庫。過去，建平原水庫是不得已而為之的手段。不建，新疆生產建設兵團第一師和第二師就無法生存，但是平原水庫又的確無效損耗太大，今後應當逐步用山區水庫來代替平原水庫。第二項措施，以節水和改造中低產田為中心的現有灌區的興建、配套、更新。第三項措施，合理開發地下水，支持建設水源地。第四項措施，統一規劃排鹼出路。第五項措施，統一規劃進行林草植被的恢復和建設。

錢正英視察塔里木河

依法治水，多管齊下

　　「依法治國」是基本治國方略，拯救塔里木河的行動也正逐步走入法治化軌道，開始實施依法治水。

　　一九九二年一月，塔里木河流域管理局和塔里木河流域水利委員會相繼成立，拉開了整治塔里木河的序幕。塔里木河流域管理局主要負責塔河生態環境的治理保護。從此，治理塔里木河的行動，依法有了專門的管理機構。該局成立不久，就開展《水法》宣傳活動，認真貫徹新疆維吾爾自治區實施《水法》實施辦法。塔里木河流域管理局和流域內的各地州市水行政主管部門一起，根

據流域內各地州的不同情況，針對重點地區、重點問題開展形式多樣的宣傳活動。庫車、輪臺、庫爾勒、尉犁等沿塔河幹流的各縣、市水利部門還利用懸掛橫幅標語、廣播、電視等對《河道管理條例》、《取水許可登記制度》、水費水資源費徵收等問題進行重點宣傳。在以後的多年中，塔里木河流域管理局一直堅持普法宣傳，通過多次這樣的活動，提高了流域內各族群眾對依法管水、依法用水的認識。

二〇〇〇年初，塔里木河流域管理局召集五個地州的州長、專員和兵團四個師（局）的師長們，與塔里木河流域水利委員會主任簽定年度用水協議，明確生產生活和生態用水比例，上、中、下游用水比例，地方與兵團及國家大型企業用水比例，按計劃限額用水，按規定統一徵收水資源費，完善配套法規，進入法制管理的軌道。

在專門機構的統一管理中，流域內各單位逐漸建立了這樣的共識：上游和中游應放慢開發速度，必須保證一定的水量流往下游；中游清理河道，束河築堤，實現灌區河道化，禁止毀堤引水，大水漫灌；在支流興蓄洪水庫，對水資源作季節性調節，使塔里木河常年有流水；下游應大幅度退耕還林，恢復綠色走廊生態和環境。

一九九七年，新疆維吾爾自治區人大常委會通過並頒布實施《新疆維吾爾自治區塔里木流域水資源管理體制條例》（以下簡稱《條例》），這是新疆維吾爾自治區為治理塔里木河專門制定的地方性法規，率先將治理塔里木河列入了法制性軌道。二〇〇五年三月，新疆維吾爾自治區第十屆人民代表大會常務委員會第十五次會議對這個條例又進行了修訂，在立法目的中明確提出「維護生態平衡」，明確了水政執法的主體問題，規定「未經國務院和自治區人民政府批准，流域內不得開荒」等等。通過這次修訂，對加強塔里木河流域水資源的開發、利用、節約、保護，加強流域水資源的統一管理，遏制生態環境惡化的趨勢，維護塔里木河幹流下游「綠色走廊」，推進「塔里木河流域近期綜合治理規劃」項目的順利實施，促進流域內經濟和社會發展發揮了重要的作用。

二〇〇八年，新疆維吾爾自治區人民政府法制辦公室將《條例》立法後評估工作列入計劃，自治區水利廳和塔里木河流域管理局組織對《條例》的實施情況進行調研評估，為進一步制定《新疆維吾爾自治區實施〈塔里木河流域水資源管理條例〉細則》奠定基礎。評估者通過調查問卷和座談會的形式，收集了大量數據，形成一份完整的評估報告。

評估發現，《條例》修訂實施後，塔里木河流域內全社會依法節水意識不斷增強，流域內各地州行政主管部門、兵團各級水管機構採用多種形式，廣泛宣傳《條例》，在全流域內努力營造依法治水、依法管水的社會氛圍。《條例》頒布實施後，塔里木河流域內依法治水、依法管水力度不斷加大，《條例》規定的各項制度的執行，使塔河綜合治理規劃得以順利實施，進而極大改善了國家對塔里木河流域近期生態治理項目的投入力度。截至 2008 年，國家下達塔里木河流域近期綜合治理工程項目 282 項，累計下達中央投資 77 億元，已開工建設項目 255 項，完工項目 196 項，累計完成投資 63.92 億元。《條例》還推動了流域內行政執法水平和能力不斷提高。根據《條例》，流域內開展了河道清障、河道採砂管理、防洪工程安全等方面的執法檢查，管理部門查處了各類違反水法律法規的違法案件、調處了水事糾紛。

根據《條例》的規定，治理塔里木河流域的行動逐步展開。如：從 2000 年 4 月到 2007 年 10 月，成功地向塔里木河幹流下游實施了 9 次生態水輸送，自大西海子水庫洩洪閘向塔里木河幹流下游輸水 22.89 億立方米（其中，來自孔雀河水量 13.5 億立方米，來自塔里木河幹流水量 9.4 億立方米），水頭 6 次到達臺特瑪湖。下游河道地下水位明顯上升，塔里木河幹流下游生態面貌得到初步改善。同時，流域節水工程體系建設也不斷得到加強。到 2008 年，全流域累計修建渠道總長度 3271 公里，建高新節水田 41 萬畝，水源地新開機井 899 眼，平原水庫 6 座，實現工程增節水量 19.03 億立方米。在塔里木河幹流上的工程，除烏斯滿樞紐外，輸水堤防、管理道路、分水樞紐、生態閘（堰）、生態監測斷面、河道疏濬和整治工程等都已經完工，並已開始發揮效

益。三大標誌性工程博湖東泵站主體工程、恰拉水庫改擴建工程、庫瑪拉克河東岸輸水總幹渠工程全也部完工並投入運行，其他工程也都順利進展。

《條例》還推動了流域管理各項制度建設，自治區國土資源廳和水利廳聯合下發了《關於塔里木河流域土地開發有關問題的通知》，塔管局下發了《關於加強塔里木河幹流河道管理範圍內建設項目管理工作的通知》等規範性文件，自治區政府和塔里木河水利管理委員會也發佈了一系列規範性文件，逐漸對治理塔里木河形成了規範化管理體系。

二〇〇九年四月二十日，新疆維吾爾自治區水利廳召開廳務會議，原則審議通過了《塔里木河流域水資源管理條例實施細則（送審稿）》。這是一部地方性部門規章，它的通過，將為《條例》所確立的一系列法律規定更加順利貫徹落實，進一步增強《條例》的可操作性，提供更多的依據。

最嚴格的實施方案

在新疆維吾爾自治區逐步推行依法治水的同時，中央政府也在時刻關注著全國的水利建設，出臺一些新的政策，對中國的水利工作進行引導和規範。二〇一〇年十二月三十一日，發布《關於加快水利改革發展的決定》。這個文件被稱「2011 年中央一號文件」，全面規定了加快水利改革發展的措施，提出了要建立「最嚴格的水資源管理制度」，規定了中國水利改革發展的五項基本原則，即：民生優先、統籌兼顧、人水和諧、政府主導、改革創新。二〇一一年七月，中央水利工作會議召開，重申了建立「最嚴格的水資源管理制度」的決心。二〇一二年一月，為貫徹落實好「2011 年中央一號文件」和中央水利工作會議的要求，國務院發布《關於實行最嚴格水資源管理制度的意見》，對

實行「最嚴格水資源管理制度」提出了總體要求和具體意見。

中央政府對實行「最嚴格的水資源管理制度」下了最大的決心，採取了大刀闊斧的措施。為了保證這項制度能夠順利實行，確保實現水資源開發利用和節約保護的主要目標，國務院辦公廳於二〇一三年一月又印發了《實行最嚴格水資源管理制度考核辦法》（以下簡稱《辦法》），確立了水資源開發利用控制、用水效率控制和水功能區限制納污「三條紅線」。對新疆維吾爾自治區來說，這「三條紅線」的具體內容是：到二〇一五年、二〇二〇年和二〇三〇年的用水總量控制目標分別是 515.6 億立方米、515.97 億立方米和 526.74 億立方米；二〇一五年萬元工業增加值用水量比二〇一〇年下降 25%，農田灌溉水有效利用係數為 0.52；新疆重要江河湖泊水功能區水質達標率控制目標到二〇一五年、二〇二〇年和二〇三〇年分別要達到 85%、90% 和 95%。同時，《辦法》還授權水利部會同有關部門，組織制定實行最嚴格水資源管理制度考核工作實施方案。

為確保各省、自治區、直轄市相關部門把最嚴格水資源管理確立「三條紅線」作為硬約束，二〇一四年二月，水利部等十部門根據國務院的授權，聯合印發了《實行最嚴格水資源管理制度考核工作實施方案》（以下簡稱《實施方案》），對考核組織、程序、內容、評分等作出明確規定。《實施方案》的出臺，標誌著中國全面啟動最嚴格水資源管理的考核問責，為推動實行最嚴格水資源管理制度情況考核工作提供了實施依據，進一步推動最嚴格水資源管理制度的落實，對於解決中國複雜的水資源水環境問題，實現經濟社會的可持續發展具有深遠意義和重要影響。

中央政府提出的目標是明確的、要求是嚴格的、考核是嚴厲的。這一系列措施的出臺，對新疆那些「治水」的人們來說，提出了必須面對的嚴峻挑戰。因為，二〇一三年新疆經濟社會用水總量已經達到 617 億立方米，全疆水資源的開發利用率已經達到 74%，大大超過了國務院下達給新疆的二〇一五年用水總量 515.6 億立方米的控制指標。水資源的過度開發和利用，對經濟社會的

應急輪水，形成生態濕地

可持續發展和生態環境的保護造成了巨大壓力，甚至已經影響到新疆重大工程建設的申請立項。

毫無疑問，這個「史上最嚴格」的實施方案，對於新疆的水利工作者特別是那些致力於拯救塔里木河的人們，是一種考驗。為守住「三條紅線」，新疆二〇一四年將以水權水市場改革試點為突破口，出臺考核辦法落實最嚴格水資源管理制度。這是一場考驗新疆能不能控制水資源的「戰鬥」。新疆維吾爾自治區政府為了落實國務院下達的「三條紅線」指標，認真落實最嚴格的水資源管理制度，也在審時度勢，思忖在這個地域廣袤水資源缺乏的自治區內如何控制水資源的對策，出臺了一系列措施：

二〇一二年到二〇一三年，新疆陸續完成了「三條紅線」地州級和縣級控制指標的分解工作。到二〇一三年底，各地指標分解到縣市和團場的基礎工作已經基本完成，嚴格執行規劃水資源論證和建設項目水資源論證，落實水資源論證「一票否決制」，以嚴格控制「三條紅線」指標來規範管理涉水開發建設，水資源論證不過關的用水項目一律不予批准。這樣，就將全區用水總量、用水效率和水功能區限制納污「三條紅線」控制指標分解下達到了各地州（市，含兵團師）和縣（市，含兵團各團場）。

二〇一三年，新疆制定了《新疆實施最嚴格水資源管理制度考核辦法》，全面開展了規劃和建設項目水資源論證工作，審查規劃水資源論證項目九項，審查各類建設項目水資源論證報告四十八項；加快了水資源實時監控體系和水利信息化建設步伐，有效整合水資源監控管理信息系統、防汛抗旱指揮系統、水文水資源監測系統，基本搭建起「三位一體」的水資源實時監控信息共享平臺，為實施最嚴格的水資源管理提供了有力支撐。

同時，新疆還穩步推進節水型社會建設。如哈密地區被命名為「全國節水型社會建設示範區」；烏魯木齊市節水型社會建設試點通過了水利部組織的最終驗收；吐魯番地區節水型社會建設試點通過水利部黃河水利委會員的中期驗收。按照全國統一部署，新疆完成了第一次水利普查工作，摸清了新疆水利的

地下水水質監測

「家底」。

在塔里木河流域，由於面臨的水資源形勢更為嚴峻，因此堅決落實好最嚴格水資源管理制度，就顯得尤為緊迫與重要。隨著塔里木河流域近期綜合治理項目的實施，在各項工程逐步發揮效益、項目臨近尾聲的收官階段，流域內水資源供需矛盾仍然突出、用水效率低下、水資源管理體制機制落後等問題，成為制約流域水利發展的主要因素。

為此，在新疆維吾爾自治區黨委、政府的大力支持下，塔里木河管理局積極探索流域水資源科學管理之路，自二〇一〇年起對塔里木河幹流區域實施了供水價格調整，並對幹流超額用水實行了累進加價制度。水價的合理調整，既保證了水利工程維修管護和正常運行，又發揮了經濟槓桿作用，提高了人們的節水意識。

為強化流域水資源統一管理，二〇一一年二月，自治區將塔里木河主要源流管理機構整建制移交塔里木河管理局統一管理，建立塔河流域水資源管理新體制。按照自治區要求，在流域各地州、兵團師的支持配合下，塔里木河管理局推行一系列科學、有效的管理措施，使水資源統一管理取得突破性進展。

隨著史上最嚴格的水資源管理制度在新疆的實施，塔里木河管理局提出，要在「三條紅線」的基礎上，制定「四項制度」，重點考核「五項指標」。「四項制度」的第一項是建立用水總量控制制度，對於超過用水總量指標的單位，要採取暫停審批建設項目新增取水等措施；第二項是建立用水效率控制制度，主要是確定萬元工業增加值用水量、農業灌溉水有效利用係數兩項指標，達不到要求的，新增建設項目水資源論證審查將不予批准，已批准的建設項目不再下達新的用水計劃，新增建設項目不核發取水許可證；第三項是建立水功能區限制納污制度，對排污量超出水功能區限制排污總量的地區，將限制審批新增取水和入河排污口；第四項是建立水資源管理責任和考核制度，縣級以上地方政府主要負責人對本行政區域水資源管理和保護工作負總責。對幹部進行考核的「五項指標」分別是：用水總量控制指標、萬元工業增加值用水量降低指

標、農業灌溉水有效利用係數提高指標、水功能區水質達標率指標、城鎮供水的水源地水質達標率指標。

保護生態，綜合治理

　　拯救塔里木河僅僅依靠治水是不夠的，如果不能做到綜合治理，把整個流域的生態環境同時拯救、保護起來，那麼塔里木河流域的生態環境還是脆弱的，治水的成果很容易被生態環境的惡化所吞噬。因此，決策者們在擘劃拯救塔里木河的行動時，同時做出了一系列保護生態環境的決策，為綜合治理塔里木河流域提供了堅實的法律基礎和政策框架。

　　中國政府很早就把生態環境的保護納入了視野。一九九七年八月，國務院指示國家計劃委員會會同農業部、林業部和二十一個重點省、直轄市、自治區人民政府，共同編制了《全國生態環境建設規劃》（以下簡稱《規劃》）。經過一年多的努力，《規劃》編制完成，並經國務院常務會議討論通過。一九九八年十一月七日，國務院將《規劃》發往各省、自治區、直轄市人民政府、國務院各部委、各直屬機構。

　　這是一個長期的、綜合性的國家戰略規劃，它從中國生態環境建設的實際出發，對二十一世紀前五十年的生態環境建設，分三個方面進行了全面規劃，提出了各個階段的建設任務和奮鬥目標。這是中華人民共和國成立以來，關於生態環境建設最全面的一個規劃，也是涉及時間最長，需要幾代人貫徹落實的一個規劃。

　　《規劃》在全面分析中國生態環境現狀的基礎上，提出了中國生態環境建設的總體目標，那就是：用五十年左右的時間，動員和組織全國人民，依靠科

學技術，加強對現有天然林及野生動植物資源的保護，大力開展植樹種草，治理水土流失，防治荒漠化，建設生態農業，改善生產和生活條件，加強綜合治理力度，完成一批對改善全國生態環境有重要影響的工程，扭轉生態環境惡化的勢頭。力爭到下個世紀中葉，使全國適宜治理的水土流失地區基本得到整治，適宜綠化的土地植樹種草，「三化」草地基本得到恢復，建立起比較完善的生態環境預防監測和保護體系，大部分地區生態環境明顯改善，基本實現中華大地山川秀美。

在《規劃》做出的總體布局中，有兩個地方涉及包括塔里木河流域在內的新疆地區。其一是「三北」風沙綜合防治區，這一部分幾乎包括了新疆全境。這部分地區生態環境建設的主攻方向是：在沙漠邊緣地區，採取綜合措施，大力增加沙區林草植被，控制荒漠化擴大趨勢。以「三北」風沙線為主幹，以大中城市、廠礦、工程項目周圍為重點，因地制宜興修各種水利設施，推廣旱作

塔里木河遠景圖

節水技術，禁止毀林毀草開荒，採取植物固沙、沙障固沙、引水拉沙造田、建立農田保護網、改良風沙農田、改造沙漠灘地、人工墊土、綠肥改土、普及節能技術和開發可再生能源等各種有效措施，減輕風沙危害。因地制宜，積極發展沙產業。其二是草原區，也包括了新疆的各個草原。這部分地區生態環境建設的主攻方向是：保護好現有林草植被，大力開展人工種草和改良草場（種），配套建設水利設施和草地防護林網，加強草原鼠蟲災防治，提高草場的載畜能力。禁止草原開荒種地。實行圍欄、封育和輪牧，建設「草庫侖」，搞好草畜產品加工配套。

《規劃》還提出了優先實施的重點地區和重點工程，以及相關配套的政策措施。新疆的風沙區、草原區都在重點地區之內。《規劃》的出臺，為塔里木河流域的生態治理提供了最高層級的政策框架。

二○○○年，中國環境保護總局會同有關部門制訂《全國生態環境保護綱要》（以下簡稱《綱要》），確立了生態系統保護的基本框架。同年十一月二十六日，國務院印發了這個《綱要》，並要求各地、各部門結合本地區、本部門的實際情況，要根據《綱要》，制訂本地區、本部門的生態環境保護規劃，積極採取措施，加大生態環境保護工作力度，扭轉生態環境惡化趨勢。

《規劃》和《綱要》相繼發布後，新疆維吾爾自治區政府和新疆生產建設兵團也先後編制了《新疆維吾爾自治區生態環境建設規劃》和《新疆生產建設兵團環境建設規劃》。在《新疆維吾爾自治區生態環境建設規劃》中，把新疆的湖泊生態環境治理工程、塔里木河幹流整治工程等列為新疆生態環境建設工程的重點，「予以持續，優先實施」。在《新疆生產建設兵團環境建設規劃》中，把沿塔克拉瑪干大沙漠和古爾班通古特沙漠邊緣風沙較重、乾旱缺水、土壤鹽漬化較重的地區列為生態建設的重點地區，把生態農業建設、防風固沙工程、水土保持綜合治理工程等列為重點工程。

新疆維吾爾自治區政府和新疆生產建設兵團的這兩個規劃，對塔里木河流域的治理都是很大的「利好」。隨著這兩個規劃和一系列生態環境保護和建設

煥發生機的胡楊

配套政策的實施，新疆地區包括塔里木河流域在內的生態環境有了顯著的改善。到 2009 年，新疆維吾爾自治區全區的森林覆蓋率由 2000 年的 2.94%，提高到了 4.02%；綠洲的森林覆蓋率由 2000 年的 14.9%，提高到 23.5%；退牧草原達 876 萬公頃，各類濕地面積達 148 萬公頃；塔里木河下游綠色走廊生態保護與修復工程實施後，從 2000 年到 2009 年，累積向下游輸水 24 億多立方米，塔里木河下游惡化的生態環境得到了緩解；在塔克拉瑪干等沙漠的邊緣地區，生態修復示範面積達 2.4 萬公頃，緩解了當地的生態惡化情形，也增強了當地農牧民保護生態環境的積極性。

國務院頒布的《全國生態環境保護綱要》中明確提出，要通過建立生態功能保護區，實施保護措施，防止生態環境的破壞和生態功能的退化。根據這個要求，國家環境保護總局在進行大量調研的基礎上，於 2007 年 10 月頒布了《國家重點生態功能保護區規劃綱要》。這是中國關於生態功能區保護的首部

規範性文件，對指導中國生態功能保護區建設、保護生態功能保護區內的生態環境具有重要意義。

《國家重點生態功能保護區規劃綱要》規定，國家級生態功能保護區，由省級人民政府提出申請，報國務院批准。目前，中國共有十八個國家級生態功能保護區建設試點。在西部地區有兩個最為著名，一是黃河源國家級生態功能保護區，第二個就是塔里木河國家級生態功能保護區。

塔里木河被批准為國家級生態功能保護區，為綜合整治全流域的生態，提供了更大的政策空間。它的主導功能是：防止塔克拉瑪干和庫姆塔格兩大沙漠的擴展，保護現有綠洲（城市）的生態格局，穩定人類生存空間。輔助生態功能包括：氣候調節功能，水源涵養及調蓄功能，水土保持功能，生物多樣化保護功能。

新疆維吾爾自治區政府始終把綜合治理塔里木河流域生態作為重點工程。在加強塔里木河國家級生態功能保護區建設的同時，不斷加大治理塔里木河流域生態的步伐。

二〇一二年，新疆維吾爾自治區政府制定《新疆維吾爾自治區環境保護「十二五」規劃》。特別提出要加強新疆的重要生態功能保護區建設，加強塔里木河幹流等重點生態功能保護區建設與管理，並要求「南疆三地州要做好喀什特殊經濟開發區科學規劃和環境保護管理，開展城市河流污染治理，加強葉爾羌河流域重金屬污染防控，加大綠洲邊緣荒漠化防治力度，推進防風固沙體系建設和清潔能源使用，改善城鄉人居環境。塔里木河幹流區要鞏固綜合治理成果，繼續加強幹流下游受損生態系統的恢復。」

拯救行動 **04**章
治河措施與工程

從二十世紀八〇年代開始，中國各界人士包括一些國際友人和國際組織，就發出了拯救塔里木河的呼籲。一九八五年春，來自塔里木河畔的自治區政協委員梁鐸向自治區有關部門遞交了《加速進行塔里木河綜合治理》的提案，這是第一份正式以文案形式提出主張治理塔里木河的提案。據不完全統計，僅從一九八五年到一九九二年，參與有關塔里木河治理提案的各族、各屆委員就有二十五人。自一九八六年到一九九二年，被稱為「塔河委員」的梁匡一和其他十六位專家向自治區政協遞交了六份有關塔里木河的提案。二〇〇一年一月八日，來自塔里木河河畔的方英楷委員遞了一份提案，全文長約八千字，這是關於塔河治理最長的一份提案。

這些提案引起了新疆維吾爾自治區黨委和人民政府的高度重視，他們一方面組織新疆當地的專家進行論證，一方面向中央政府報告，尋求中央的支持。在各級政府的努力下，在社會各界的推動下，拯救塔里木河逐漸形成一股合力，取得了顯著的成果。

107 億：拯救大行動

從二十世紀八〇年代開始，新疆地方政府就組織專家，完成了《塔里木河流域自然環境演變和自然資源的合理利用》等多項課題的研究，舉行了塔里木河流域資源、環境與管理學術討論會。世紀之交的時候，他們還完成了《塔里木河幹流水利工程建設與流域生態環境建設一期項目的建議書》，為塔河流域

治理做了大量的前期準備工作。水利部對拯救塔里木河也花費了很多精力，他們一方面把塔里木河的情況匯報給國務院，一方面組織抽調了由水利部、水資源司和黃河水利委員會專家參加的工作組，奔赴實地考察取證。

一九九八年，「九十八天山環保世紀行」塔里木河問題調研考察團奔赴塔里木河，十餘名專家給塔里木河「摸脈」，仔細勘察塔里木河到底「病在哪裡，如何對症下藥」。專家們一致認為，在塔里木河流域治理上要「總攬全局、科學規劃、嚴格水資源管理」，特別要把在塔里木河實行全流域的節水灌溉工作視為當務之急。

塔里木河流域環境惡化牽動著無數人的心，中國政府也在關注著拯救塔里木河的行動，並醞釀著治理的措施。二〇〇〇年一月，國務院成立了西部地區開發領導小組，由時任國務院總理朱鎔基擔任組長，時任國務院副總理溫家寶擔任副組長，中國政府全面推動現代化建設的西部大開發戰略登上歷史舞臺。在實施西部大開發戰略的大背景下，拯救塔里木河邁出了決定性的步伐。

二〇〇〇年五月十二日，朱鎔基在考察內蒙、河北防沙工作時指出：黑河與塔里木河生態環境問題十分嚴重，要求水利部和新疆維吾爾自治區人民政府用半年時間提出解決塔里木河流域生態環境問題的方案。

二〇〇〇年九月，朱鎔基總理親臨新疆考察，在說到做好新疆水資源開發、利用和保護時，朱鎔基特別強調要把加快塔里木河等流域的治理與開發，放在一個十分突出的位置上，要制定全面的規劃。同時，朱鎔基還提出，要力爭在五到十年內使塔河流域的基礎設施建設和生態環境建設取得突破性進展。朱鎔基還指示水利部和新疆維吾爾自治區政府，用半年時間找出解決塔里木河流域嚴重生態問題的辦法。

隨後，水利部派出由水資源司和黃河水利委員會的專家、技術人員組成的專門工作組，與新疆的專家和技術人員共同開展工作。八十多位專家在塔里木河流域現場勘查，風餐露宿，歷盡艱辛，五易其稿，終於在二〇〇〇年十月底，完成了《塔里木河流域水資源的生態環境問題及對策》的徵求意見稿，以

二〇〇〇年九月，朱鎔基視察南疆時，在塔里木河大橋上詢問塔河綜合治理情況。

及塔里木河流域水資源、生態環境，近期治理實施意見等三個專題報告，共計十九萬字。這個文件第一次從戰略高度認真研究了塔里木河流域水資源和生態環境建設問題，提出了水資源開發、利用、治理、配置、節約、保護和改善生態環境的總體思路、布局和近期實施意見。二〇〇〇年十二月四到五日，水利部和自治區人民政府共同主持召開了專家座談會，徵求了國家計劃委員會、經濟貿易委員會、財政部等十多個部門的意見。

二〇〇一年二月二十八日，朱鎔基主持召開了第九十五次總理辦公會議，聽取了水利部和新疆維吾爾自治區關於塔里木河流域綜合治理方案的匯報，審議批准了塔里木河流域近期綜合治理的初步方案，並要求切實加大投入力度，加快建設步伐，十年治理目標按五年基本完成進行規劃並實施。

二〇〇一年三月，第九屆全國人大四次會議通過了一項重大決議，將塔里木河流域的綜合治理工程列入國家「十五」期間重點建設工程。這項工程預計在五年內基本完成。工程的目標是：堅持全面規劃、合理配置的原則，以科技為先導，以工程治理為手段，強化水資源統一管理，突出重點，合理配置流域水資源，實現塔里木河流域社會經濟的可持續發展。

二〇〇一年四月，為了貫徹總理辦公會議精神，加快綜合治理塔里木河的進度，搶救幹流下游瀕臨毀滅的綠色走廊，新疆維吾爾自治區政府和水利部編制完成了《塔里木河流域近期綜合治理規劃報告》（以下簡稱《規劃報告》）。提出了塔里木河近期治理規劃的任務、指導思想和目標，近期治理工程措施、保障措施，近期治理項目投資及實施效果等內容。

《規劃報告》提出的近期規劃目標是：通過採取多種措施，增加各源流匯

入塔里木河的水量，保證大西海子生態水量指標。即在多年平均來水條件下，到 2005 年，塔里木河幹流阿拉爾來水量達到 46.5 億立方米，開都河——孔雀河向幹流輸水 4.5 億立方米，大西海子斷面下洩水量 3.5 億立方米，水流到達臺特瑪湖，使塔里木河幹流上中游林草植被得到有效保護和恢復，下游生態環境得到初步改善。

《規劃報告》提出的近期治理工程措施包括：灌區節水改造工程、平原水庫節水改造工程、地下水開發利用工程、河道治理工程（包括塔里木河幹流河道治理工程和源流輸水工程）、博斯騰湖輸水工程、生態建設工程、山區控制性水庫工程、流域水資源調度及管理工程建設等。

《規劃報告》做出了近期治理塔里木河流域項目投資預算，預計共需要投資 107.39 億元，其中灌區節水改造工程 55.11 億元，平原水庫改造工程 9.45 億元，開發利用地下水工程 4.18 億元，河道治理工程 11.74 億元，博斯騰湖向塔里木河下游輸水工程 4.7 億元，下坂地水庫工程 13.31 億元，生態建設工程 4.8 億元，流域水資源調度及管理工程建設 1.9 億元，前期工作與科學研究經費 2.21 億元。這筆巨大的投資全部由中央政府撥款，不用新疆地方政府自籌，這是國家對邊遠貧困地區的特殊照顧。這是中國政府在 21 世紀之初，在西部大開發背景下綜合治理塔里木河流域的一個大手筆。

工程實施以後的效益也是明顯的：4 年後，塔里木河幹流上中游天然植被改善面積達 130 萬公頃，下游天然植被恢復面積達到 10.3 萬公頃，生態系統得到恢復。在多年平均來水情況下，4 條源流匯入塔里木河幹流的水量增加 11.3 億立方米，達到 51 億立方米，水流到尾閭臺特瑪湖。

2001 年 6 月 27 日，國務院對《規劃報告》作出了批覆。批覆共五條，在批覆的最後，國務院領導還對新疆維吾爾自治區政府和水利部提出了這樣的要求：「加快塔里木河流域綜合治理，恢復塔里木河下游綠色走廊，對於實現新疆經濟和社會可持續發展，造福各族人民，鞏固西北邊防，具有十分重要的意義，是實施西部大開發戰略的重點工程。新疆維吾爾自治區人民政府、國務院

各有關部門和單位要加強領導，密切配合，保障投入，確保完成《規劃》確定的各項目標任務，逐步恢復塔里木河下游生態系統。」

有了政府強有力的支持，特別是在政策和資金上的支持，治理塔里木河流域的生態環境就有了底氣。《規劃報告》得到國務院的批覆後，新疆維吾爾自治區和國務院有關部門立即開始行動起來，匯成了一場拯救塔里木河的世紀大行動。

輸水救河：綠色的讚歌

河道斷流了，尾閭湖乾涸了，過去那些綠色植被帶來的生機，被乾旱吞沒了。拯救塔里木河，首先要讓河道裡有水。二〇〇〇年五月，由於開都河、博

斯騰湖大大超過正常水位，大西海子水庫蓄塔里木河水已達 1.5 億立方米。自治區水利廳、塔里木河流域管理局向自治區和水利部上報了《關於從博斯騰湖揚水置換二師大西海子水庫部分高礦化度水用以挽救下游綠色走廊的意見》，得到了自治區黨委和政府的大力支持。於是，對塔里木河進行應急輸水，在拯救塔里木河的諸多行動中，首先被提上了日程。

2000 年 5 月 14 日至 7 月 13 日，開始對塔里木河進行第 1 次應急輸水。這次輸水前後歷時 60 天，從博斯騰湖調水 2.04 億立方米，經大西海子水庫洩洪閘，下游水頭到達大西海子水庫以下 106 千米處的喀爾達依附近，共向塔里木河下游河道下洩 0.98 億立方米。這次應急輸水，不僅使大西海子水庫中 1 億立方米礦化度較高的庫水被置換出來，送進了塔里木河下游乾涸已久的河道，而且還使塔里木河下游的大西海子水庫以下的 100 餘公里河道周邊地下水位有所回升，單側地下水影響擴寬 400-500 米，整個影響範圍達 80-100 平方公里，及時延長了塔里木河下游植被的衰敗進程，對緩解塔里木河流域日益惡化的生態環境起到了重要的作用。

新聞放水

二〇〇〇年九月底，開都河汛期已基本結束，而博斯騰湖受開都河來水影響，水位依然高達 1048.5 米以上，同時冬季農業用水空閒期即將來臨。針對這一難得的天賜良機，自治區水利廳、塔里木河管理局又上報了《關於再次從博斯騰湖輸水 2 億立方米挽救塔里木河下游綠色走廊的請示》。這一次得到了黨中央和國務院的批示，要求水利部和自治區認真總結第一次輸水成功的經驗，抓住機遇，密切合作，再奪塔里木河第二次輸水的勝利。這次輸水的時間是二〇〇〇年十一月三日至二〇〇一年二月五日，前後共歷時九十五天。這次輸水是從博斯騰湖調水 4.68 億立方米，其中大西海子水庫洩洪閘向塔里木河下游河道下洩 2.25 億立方米，下游水頭到達大西海子水庫以下 215.6 千米、阿拉干以下十一千米處。

兩次打開大西海子水庫的閘門向塔里木河下游輸水，前後輸出了共三億多立方米的「生命之水」，斷流近三十年的塔里木河下游地區又展露勃勃生機。二〇〇〇年冬季，塔里木河出現了幾十年罕見的大面積結冰情形。二〇〇一年初，「塔里木河下游荒漠化防治與綠洲生態系統管理試驗」示範項目正式啟動，使乾涸的塔里木河下游的綠色走廊重現昔日的光彩。

二〇〇一年四月一日，經過精心準備，在塔里木河下游大西海子洩水閘旁，為塔里木河進行第三次應急輸水在這一天開始了。隨著水庫洩水閘的啟動和沉重閘門的緩緩提升，歷時八個月的第三次塔里木河應急輸水正式運行。這次應急輸水分為兩個階段。第一階段二〇〇一年四月一日至七月六日，歷時九十七天。在這次輸水過程中，由於七月上旬至九月上旬恰逢孔雀河灌區和塔里木墾區農業灌溉用水高峰期等原因，暫停輸水六十餘天；從二〇〇一年九月十二日至十一月十八日，是這次輸水的第二階段，共歷時六十八天。這次輸水共計 165 天，累計從博斯騰湖調水 6.18 億立方米，塔里木河中游來水 0.5 億立方米，從大西海子水庫洩洪閘向塔里木河下游河道下洩 3.81 億立方米，下游水頭第一次到達了塔里木河的尾閭湖臺特瑪湖。

十一月十七日上午，向塔里木河下游綠色走廊應急輸水工程順利完成，水

第十二次輸水

頭到達預定目標——塔里木河的尾閭湖臺特瑪湖,並已形成大約六平方公里的
湖面景觀,從此結束了塔里木河下游三百餘公里河道近三十年滴水未見的歷
史。

在場的專家們掉淚了,圍觀的塔里木河兩岸的百姓們也很感動,因為大家
都知道,三次輸水融入了黨中央、國務院、水利部和自治區眾多領導的關心和
心血。三次輸水,水利專家和塔里木河兩岸的人民付出了艱辛和汗水。

再現勃勃生機的塔里木河

這三次應急輸水共從博斯騰湖累計輸出十三億多立方米水量，從大西海子水庫向下游洩水近七億立方米，取得了顯著的成效。塔河下游綠色走廊地下水普遍升高三至五米，下游約六百餘平方公里範圍內的胡楊林受益，林相有較大改觀，樹木枯黃期推遲了十五天左右，荒沙坡上也開始萌發了植被。不僅有效地遏制了下游生態的劣變，而且還為實施塔里木河流域下游生態系統工程贏得了寶貴的時間。塔里木河下游 360 多千米的河道，結束了斷流三十多年的歷史，同樣乾涸三十多年的臺特瑪湖，重新形成了水面。《中國民族報》記者李升旗報導說，尉犁縣塔里木鄉的牧民又可以沿河放牧了，若羌縣鐵干里克鄉英蘇村 109 歲的阿不拉加拉力老人，由孩子攙著前來觀看湍急的水浪，激動地流下了熱淚。朱鎔基總理知道這個消息後，對塔里木河的輸水工程給予了高度評價。他稱讚說，這是一曲綠色的頌歌，值得大書而特書。

從二〇〇〇年到二〇一四年，除了二〇〇八年由於塔里木河流域旱情嚴重，為保證生產生活用水，暫停了向下游的應急生態輸水外，每年都有向塔里木河下游輸水的行動，先後實施了十五次生態輸水，累計輸水 46.44 億立方米，水頭十一次到達尾閭臺特瑪湖，最大時形成 350 餘公里湖面，結束了下游河道連續乾涸近三十年的歷史。其中，二〇一〇年前，年均生態輸水 2.95 億立方米；二〇一一年開始實行新的流域管理體制後，二〇一一年至二〇一三年三年平均生態輸水 6.59 億立方米。

隨著 46.44 億立方米水輸入塔里木河幹流，塔里木河下游的生態環境開始恢復。據中科院最新監測數據顯示，同輸水前相比，塔里木河幹流下游地下水位大幅回升；地下水礦化度下降；塔河下游植被恢復面積達一千多平方公里，植物物種增加二十九種，大量的鹽漬化耕地得到改良，沙地面積減少 204 平方公里，塔克拉瑪干沙漠和庫姆塔格沙漠合攏趨勢得到遏制。

最近的一次應急輸水是在二〇一四年夏，塔里木河下游的大西海子水庫又

一次開閘洩水，水流向著羅布泊方向緩緩流去。也許在不久的將來，我們就會聽到羅布泊重新恢復生機的消息。

生態移民：減輕塔里木河的生態負擔

　　對塔里木河實施輸水工程，雖然取得了顯著的成效。但是，我們也應該看到，這僅僅是緩解塔里木河生態環境嚴重惡化現狀的一項應急措施，還不能夠從根本上解決問題。要實現整個塔里木河流域生態環境的恢復與保持，還需要靠綜合治理工程的全面實施。

　　為了從根本上解決塔里木河流域的生態問題，除了進行水利工程建設之外，塔里木河流域還實施了一些生態工程，如生態移民工程、退耕還林（草）工程、防沙治沙工程、天然林保護工程、節水改造工程等。實施這些工程，有利於通過社會主義市場經濟的機制，調整產業結構，提高水資源的利用率，節約水資源。同時，還可以通過科學

胡楊人家

管理和統一協調，實現塔里木河流域的資源環境與社會經濟的協調發展。

隨著塔里木河流域綜合治理工程全面展開，塔里木河中下游部分地區開始實施移民搬遷工程，以保護原始胡楊林生態屏障，節省水資源。當地政府和林業部門負責具體推行生態移民工程，總投資約 1.1 億元。要搬遷的移民主要是巴州的輪臺縣草湖地區、尉犁縣喀爾曲尕鄉農牧民。

二〇〇二年，輪臺縣草湖鄉生態移民搬遷工程開始實施。搬遷計劃包括：幫助農牧民修建新的住房，每戶補助六萬元，共計六百萬元；開發新的土地、修建農田防滲渠、自來水管線及水塔設施等共投入資金 1070 萬元。十一月十五日，當地進行了第一批大規模的移民搬遷，當天共有一百戶人家、近五百人搬遷到了新的移民安置區。

二〇〇六年七月三十一日，輪臺縣又有 452 戶人家從塔里木河流域內遷走。隨著他們的搬離，總投資 5160 萬元的塔里木河治理移民搬遷工程輪臺段全面接近尾聲，前後有 552 戶人家、共 2549 人從輪臺縣的草湖鄉等地搬離，他們退出的一萬多畝耕地，準備種植保護生態的胡楊林。這樣，既使這裡實現了自然封育，又消除了人為因素的破壞。不僅改善了塔里木河中游的生態環境，還可為下游每年節約生態用水一億立方米。

尉犁縣喀爾曲尕鄉生態移民的搬遷工作自二〇〇二年啟動，計劃異地搬遷農牧民 722 戶、3557 人。二〇〇六年二月底起，開始搬遷居民。

這些離開他們世代生活的原始胡楊林的農牧民，被重新安置到條件較好的地區生活，當地政府為他們建設了學校、衛生所、供水設施、道路、農田水利節水工程等基礎設施。尉犁縣喀爾曲尕鄉異地搬遷工程總投資 6092 萬元，搬遷的農牧民每戶配套建設八十平方米的抗震安居房，人均配套五畝生產用地。輪臺縣草湖鄉的牧民搬遷到新居以後，由原來以放牧為主的牧民，逐漸變成以種植為主的農民。面對這種轉變帶來的技術和資源上的不足，輪臺縣縣委、縣人民政府首先解決了安居小區農牧民的飲水問題，又經過多方努力，由國家投資 154 萬元，打機電井十眼，包括架電、配套、井房建設一次到位，年供水五

百萬立方米，解決了移民搬遷耕地的缺水問題。

　　塔里木河兩岸的農牧民逐漸認識到了保護生態環境的重要性。七十六歲的維吾爾族老人卡斯木・艾買提告訴記者，雖然捨不得離開祖祖輩輩賴以生存的胡楊林，但為了配合政府挽救塔里木河，他們還是離開了故鄉。他還說，生態移民讓我們的生活得到改善，住進了從來沒敢想過的磚瓦房。

　　搬遷的生態移民在新的家園，住進了政府為他們蓋起的新房子，在新開墾的土地上播種希望。在輪臺縣拉帕地區，從草湖鄉搬遷出來的維吾爾族農民居馬・阿西木一家正忙著在自家房前屋後的果園裡植樹。像阿西木這樣飽嘗環境破壞之苦的移民們，來到新的家園後，鼓足幹勁要在新的家園營造一片水草豐美的「新草湖」。

　　生態移民工程全部實施後，塔河流域幹流段生態環境將得到大的改善，將充分依靠大自然的自我修復能力，加快治理水土流失，維護塔河及周邊胡楊的健康發展，創造出更加適合人類生存的自然生態環境。

退耕還林：綠了荒漠，富了百姓

　　退耕還林工程是迄今為止中國政策性最強、投資量最大、涉及面最廣、群眾參與程度最高的一項生態建設工程，自一九九九年開始試點，工程涉及的範圍包括新疆維吾爾自治區在內的二十五個省區市和新疆生產建設兵團。其中，塔里木河流域是中國政府退耕還林工程建設的重點地區之一。

　　退耕還林的主要目標是保護生態環境，即逐步停止耕種那些不適宜耕種的耕地，因地制宜地在上面造林種草，恢復植被。同時，這也是一項惠民工程。從二〇〇〇年到二〇〇二年，國務院先後頒布和制定了《關於進一步做好退

香梨大豐收

耕還林還草試點工作的若干意見》《關於進一步完善退耕還林政策措施的若干
意見》和《退耕還林條例》等政策法規，詳細規定了退耕還林的各項政策措
施。其中對退耕農戶的優惠政策包括：國家無償向退耕農戶提供糧食、生活費
補助；國家向退耕農戶提供種苗造林補助費；國家保護退耕還林者享有退耕地
上的林木（草）所有權；退耕地還林後的承包經營權期限可以延長到七十年；
資金和糧食補助期滿後，在不破壞整體生態功能的前提下，經有關主管部門批

准，退耕還林者可以依法對其所有的林木進行採伐，等等。

　　新疆維吾爾自治區是退耕還林的第一批試點地區，退耕還林工程涉及全區
90 個縣區市、150 萬農民。從 1999 年開始，新疆維吾爾自治區用了 10 年時
間，累計完成工程造林綠化 1134 萬畝，占全區同期造林總面積的 30%，其中
退耕地造林 325.8 萬畝、宜林荒山荒地造林 679 萬畝、封山育林 129.2 萬畝，
改善了生態環境，促進了農民增收。在退耕還林工程的帶動下，新疆維吾爾自

治區以特色林果業為主的後續產業也快速發展，成為助推農民增收的主導產業，退耕還林政策補助累計投入 46.7 億元，退耕農戶戶均補助 1.04 萬元，人均補助 2362 元。

　　塔里木河流域是新疆退耕還林工程的重點地區，流域內的多個縣、市、地區和自治州大力推廣退耕還林工程，在改善塔里木河流域生態的同時，也促進了當地經濟的發展和農民的增收。

　　從 2002 年開始，且末縣結合紅棗產業建設，堅持生態、經濟並重，實施退耕還林工程。到 2007 年，累計完成退耕地造林 3.4 萬畝、荒地造林 5.5 萬畝、封沙育林 3 萬畝，使人工綠化面積達到 21.2 萬畝，森林覆蓋率達到 0.7%

集體參加綠化活動

，農區森林覆蓋率達到 14%，居民點綠化覆蓋率達到 37.6%，宜林的路、渠、荒地基本得到綠化。

且末縣實施退耕還林工程，生態效益是明顯的。首先，生態面貌得到明顯改善。綠洲浮塵天氣由過去的每年 193.7 天降到 163 天，林網內的沙塵減少 40%，絕對化區的降塵量比荒漠區降低 25%，大氣渾濁度降低 35%；其次，農業結構得到有效調整。紅棗種植已經形成規模，全縣農業從單一種植業向「草棗畜」複合型農業發展，降低了市場變化給農民帶來的風險；再次，就是農民收入得到顯著提高，農牧民除享受到退耕還林補助資金外，人均增收已達 160 元。

阿克蘇地區從 2000 年開始實施退耕還林工程，全地區各縣（市）充分利用糧棉產量低而不穩的鹽鹼化、土壤沙化的耕地、荒山荒地，分批分次地植樹造林。截至 2010 年底，國家和自治區共在阿克蘇地區投入退耕還林資金 5.3 億元，全地區累計完成退耕還林造林 135 萬畝，退耕還林工程建設覆蓋了全地區 8 縣 1 市的 97 個鄉鎮場，1212 個行政村，涉及農戶 7.3 萬戶，戶均獲得國家退耕還林政策補貼 7200 元，共有 36 萬農民得到了實惠。阿克蘇地區在實施退耕還林工程的過程中，結合產業結構調整，以優先發展林果業為先導，分別種植了核桃、紅棗、山杏、蘋果、葡萄、酸梅、石榴等既具有經濟效益又具有生態效益的樹種，加快了造林綠化的速度，加速了林果業的發展，增加了牧草種植面積，拉動了畜牧業發展，增加了農民收入。

2011 年是新疆維吾爾自治區確定的「民生建設年」，其中退耕還林工程是自治區政府確定的 22 項重點民生工程之一。自治區林業廳落實各項退耕還林工程補助共計 3.26 億元，其中退耕還林現金和糧食補助、退耕還林政策項目覆蓋到了全疆 150 萬人，鞏固退耕還林成果專項建設項目達 30 萬人。這一年，自治區林業廳還對 2003 年退耕還林生態林和 2006 年退耕還林經濟林的面積進行了全面的檢查和驗收，結果顯示，平均保存率為 96.18%，達到了預期的效果。

無公害蔬菜

為規範退耕還林工程建設和管理，提高工程建設質量和鞏固建設成果，新疆維吾爾自治區政府還出臺了《新疆維吾爾自治區退耕還林工程管理辦法（試行）》，把對退耕還林工作的管理納入法治化軌道。

節水工程：永恆的主題

在塔里木河流域，過度的經濟活動導致了全流域的水資源匱乏，不僅使綠洲墾區內的生產活動難以為繼，而且造成了生態環境的毀滅性災難。二○○七年二月，新疆維吾爾自治區水利廳廳長王世江對記者說：「新疆的水利工作，節水，是一個永恆的主題。」

在治理塔里木河流域的過程中，僅僅靠著「開源」——補充河水、應急輸水——是不夠的，更重要的是做到「節流」，即通過在塔里木河流域建設節水型社會、實施節水工程，解決工農業生產用水與河流生態用水之間的矛盾。國務院制定了最嚴格水資源管理制度，給各省、直轄市、自治區都下達了每年的用水指標。這對水資源極度匱乏的塔里木河流域來說，既是難得的機遇，也是一個嚴峻的考驗。

為了節約用水，塔里木河流域各個墾區摒棄了原有的浪費水資源的開發模式，啟動了以保護水資源、重建生態環境、實現可持續發展為目標的綜合治理工程。塔里木河流域管理局局長祝向民說：「塔里木河流域近期綜合治理工程的核心是實現水資源統一管理和調度，全流域節水數是重要的量化指標，也是在塔里木河流域建設節約型社會的重要體現。」

在中央政府撥出的一百零七億元的塔里木河流域綜合治理總投資中，被分配給塔里木河流域灌區節水改造工程的投資就有五十三點八億元，占全部投資

的一半，共安排常規節水灌溉面積一千二百七十七萬畝，節水量二十一點七億立方米。在塔里木河流域的各個灌區，最常見到的，大概就是興建中或者建設完成的節水工程項目。從二〇〇二年起，塔里木河流域開始實施用水統一調度，科學安排生活、生產用水和生態用水，實現生態建設與經濟發展相協調。

在治理過程中，塔里木河幹流區域實行了灌區節水改造、地下水利用和平原水庫改造等一系列工程，減少水資源滲漏和蒸發浪費；流域內推行的限額用水責任制和「供水到戶」的制度，激發了農民節水的積極性，使節水技術得到大範圍推廣。二〇〇四年，塔里木河流域實現節水八點零六億立方米，首次實現了全流域的節水目標。

在塔里木河流域，農田灌溉是「用水大戶」，節約灌溉用水，是塔里木河流域節水的重要目標。塔里木水庫灌區建成於一九七一年，是塔里木河綠色走

節水的棉花成熟了

廊的組成部分，承擔著塔里木鄉、古勒巴格鄉 12762 名農牧民及 33730 畝農田用水，形成了具有一定生產能力和經濟基礎的灌區。但是，由於灌區內部工程設施老化、缺乏統一規劃、灌溉技術落後等原因，水資源利用率低，從水庫引入灌區的水量有 70% 以上滲漏損失。2006 年 5 月 8 日，根據塔里木河幹流工程與非工程措施 5 年實施方案，總投資 2784 萬元的塔里木河綜合治理重點項目——塔里木水庫上游灌區常規節水改造工程全線開工。這個節水改造工程，完成了上游灌區防滲改造幹渠 8 條、斗渠 41 條、農渠 166 條，幹渠建築物 14 座，斗渠建築物 61 座，改良土地 2.1 萬畝，可減少塔河引水量 971.5 萬立方米。

為了節約農田灌溉用水，塔里木河流域的多個地方和單位紛紛藉助科技手段，採取節水灌溉的方式。2004 年，尉犁縣一位植棉大戶在自己的 600 畝棉田裡實行常壓滴灌，每畝地僅投入 120 元錢鋪設灌溉設施，就使灌水量從漫灌模式下的每畝地 850 立方米，減少到 500 立方米左右，這種方式還提高了給棉田施肥的肥效，每畝增產了七八十公斤籽棉。

新疆生產建設兵團農一師自 1999 年開始，針對不同氣候和土壤條件，試驗並推廣了膜下滴灌技術，平均每年發展 45 萬畝。農一師膜下滴灌實施後，與常規灌溉方法相比，每畝節水 150 立方米、節約機力費 10 元、節肥 15 公斤、降低勞務管理成本 20 元、節約 8% 的土地、平均提高皮棉單產 21 公斤。除去工程折舊費、電費和維修費，每年畝均增收 121 元。到 2005 年，農一師推廣膜下滴灌面積 127.5 萬畝，年節水近 2 億立方米，年增收 1.5 億多元。

2014 年，新疆維吾爾自治區確定實施 25 類 150 項重點民生工程，其中新增了加大高效節水灌溉扶持力度項目，計劃到 2014 年底全疆農業高效節水灌溉面積累計達到 2670 萬畝，每畝灌溉用水定額下降 10 立方米以上。對於節水灌溉，農民體會到了切實的好處。一位村幹部感慨良多：「傳統的漫灌方式浪費嚴重，實施高效節水工程後，土地濕度明顯降低，特別是果蔬類農作物病蟲害明顯減少，提高了作物產量，還降低了勞動成本。」

農業用水是大頭，相對來說比較容易管理。但是，人們日常生活中的用水，比如洗衣機、淋浴、洗碗、抽水馬桶等用水，就要靠人們的節水意識和節水生活習慣了。我在採訪中發現，在塔里木河流域，人們的節水意識非常強烈。

　　我走訪過一家農工，他一家五口人，老倆口、兒子、兒媳婦、孫子一起過。老倆口已賦閒在家多年，近六十平米的房子收拾的乾乾淨淨，窗檯上擺滿了各種花草，顯得溫馨、和諧、美滿。當我說明來意後，老人家就說：「我是跟隨王震將軍進新疆的。那時，生活艱苦，這是你知道的事實，我不必多說。你問我家一個月用多少水？說出來你可能都不相信，真的，六方！」老人把手伸出來，給我比劃著。我問，你採用什麼方式節水呢？老人說，淘米水洗菜，再用清水清洗，不僅節約了水，還有效地清除了蔬菜上的殘存農藥；再就是洗衣水拖地板，然後再沖廁所；還有刷牙，用口杯接水，三口杯，用水只有零點六升，五口之家每月可節水四百八十六升。

　　「你算的這麼細呀！」我很驚訝。

　　老人笑笑，說：「也不是覺悟高，現在物價這麼高，孫子要上學，兒子、兒媳婦倆人的工資得存起來留給孫子上大學用，平時不算計著開銷，咋行？洗衣機？我家的洗衣機是五公斤的，每次用水一百一十升，每次可節水五十五升，每月洗四次，節水二百二十升；少量衣物儘量用手洗，可以節約大量水……」老人說，「我文化不高，這些都是在生活小百科上學的，很見效。」

　　隨著塔里木河流域人口的增長，消費用水必定會增加，這是無可質疑的。如果我們每個家庭，都能夠在日常生活中精打細算，那麼，我們可以算一算，一個擁有八百多萬人口的流域，能節約多少水？如果一個地州，如果全新疆，都能真正把節約用水作為一項政策來推行，那又該是多麼巨大的數字？

塔河再生：十年治理顯成效

《塔里木河流域近期綜合治理規劃》中確定的綜合治理塔里木河流域的目標是：「到二○○五年……水流到達臺特瑪湖，使塔里木河幹流上中游林草植被得到有效保護和恢復，下游生態環境得到初步改善。」經過新疆自治區政府、新疆生產建設兵團以及直接負責領導塔里木河流域綜合治理工作的塔里木河流域水利委員會和塔里木河流域管理局的多年努力，這個目標已經實現。

二○○二年，塔里木河的尾閭湖臺特瑪湖在乾涸了三十多年後，再次形成了二百多平方公里的湖面。二○○三年十一月，《人民日報》記者王慧敏發回了這樣的報導：「儘管南疆已悄然進入了冬季。然而，咆哮了整個夏天的塔里木河，似乎還有無窮無盡的精力，浪花趕著浪花滾滾向塔克拉瑪干沙漠腹地奔湧。」「由於水利工作者加班加點施工，加之流域內連年豐水，塔里木河水已經提前到達臺特瑪湖。」這是乾涸已久的臺特瑪湖再次成為「湖泊」的開

端。隨著一次次的生態輸水工程的實施，它還在不斷地「壯大」。

　　從二〇〇〇年到二〇一四年，塔里木河流域管理局先後對塔里木河幹流實施了十五次生態輸水，有十一次輸水的水頭到達了臺特瑪湖。塔里木河下游的生態環境，得到了初步改善。塔管局工程師張祖運在第三次至第六次應急生態輸水期間，全程參加了老塔河、車爾臣河下游河道現場踏勘，以及輸水監測工作，是臺特瑪湖「再生」的參與者和見證者。二〇一三年肉孜節期間，張祖運再次到塔管局臺湖站值班一週。他看到眼前的臺特瑪湖是這樣的：「天水相接，雲霞作襯。入湖的一面，被天然植被叢林裹包，其餘三面被荒漠環繞。晴朗日，觀水亭處，登塔眺望，湖水共藍天一色，遼闊的湖面清澈如翡翠，靜謐的原野，翠綠的草灘……翩翩起舞的水鳥，或翱翔於藍天之間，或嬉戲於碧波之中，或棲息在蘆葦叢中……」

　　二〇一四年春節期間，從臺特瑪湖又傳來一個好消息，失去蹤影三四十年的野生天鵝，又回到臺特瑪湖「過新年」了！二月六日，一位細心的攝影愛好者用鏡頭記錄下十多只天鵝、野鴨等珍禽在臺特瑪湖中嬉戲、覓食的美麗瞬間。由於生態環境惡化和缺水淪為「不毛之地」數十年的臺特瑪湖，重新變成

回歸的天鵝

博斯騰湖畔的鳥類

了許多水鳥的樂園。

臺特瑪湖的新生，意味著塔里木河幹流的復活。二〇一一年，塔里木河幹流下游首次實現了河道全年不斷流，結束了下游河道連續乾涸三十年的歷史。二〇一三年八月，巴音郭楞自治州英蘇村附近的「920漫溢區」，塔里木河水漫溢到河道外，形成一米多深的水塘。八月下旬，中科院新疆生態與地理研究所（以下簡稱「生地所」）研究員徐海量來到塔里木河畔，眼前的景色讓他對自己和同事們的工作感到頗為欣慰：塔里木河碧波蕩漾，以往寸草不生的河段兩岸，開始出現成片成片綠油油的蘆葦。這位從事塔河生態環境治理工作二十餘年的科研人員讚嘆：「我從來沒有見過這裡如此美麗！」

從二〇〇一年國務院決定投資一百零七億元綜合治理塔里木河開始，經過十多年的奮鬥，塔里木河的綜合治理工作，取得了顯著的成效，有效緩解了流域生態嚴重退化的被動局面，促進了流域各地經濟社會發展。下面這些事實和數字，可以幫助我們從宏觀角度認識一下人們為綜合治理塔里木河付出的艱辛與取得的成效：

第一，基本實現了規劃確定的節水、輸水目標。到二〇一四年，完成了工程年節水27.22億立方米的目標；總共對塔里木河下游實施了十五次生態輸水，累計輸水46.44億立方米，水頭十一次到達尾閭臺特瑪湖，結束了塔里木河下游河道連續乾涸近三十年的歷史。其中，在二〇一〇年之前，年均生態輸水2.95億立方米，二〇一一年至二〇一三年三年平均生態輸水6.59億立方米，其中二〇一一年當年生態輸水8.23億立方米，實現了河道全年不斷流。

第二，有效保護和恢復了流域生態環境。據中科院最新監測數據顯示，同輸水前相比，塔里木河幹流下游地下水位大幅回升；地下水礦化度下降；塔河下游植被恢復面積達一千多平方公里，植物物種增加二十九種，大量的鹽漬化耕地得到改良，沙地面積減少204平方公里，塔克拉瑪干、庫姆塔格兩大沙漠合攏趨勢得到遏制，218國道經常被沙埋的問題基本得到解決，野生動物也已常見；曾一度面臨整體搬遷生存困境的塔河下遊兵團第二師五個團場，人均收

入連年增長，塔里木墾區連續多年成為中國棉花生產大面積單產最高的灌區。

第三，極大的改善了流域內水利基礎設施條件。在綜合治理塔里木河的行動中，累計完成渠道防滲總長度 7173 公里，完成高效節水面積 44 萬畝，新打機井 2044 眼，改造平原水庫 8 座，完成輸水堤 708 公里、攔河樞紐 4 座、生態閘 61 座；治理後，流域內源流的幹支兩級渠系防滲率由 37.4% 提高到 51.4% ；灌區的渠系水利用係數由規劃之初的 0.4 提高到 0.49，流域各地控制、調節、配置水資源的能力有效提升。

塔里木河的綜合治理取得這樣的成就，塔里木河流域各族人民和當地政府、兵團付出了巨大的努力。

新體制、新規劃：為了塔河的永生

居安思危，是中國文化的優秀傳統。當人們為塔里木河的「復活」而歡欣鼓舞的時候，塔里木河的治理者和一些專家清醒地意識到：想要維持現狀、徹底償還幾十年來欠下的「生態赤字」，還要花費很多時間和精力；不能滿足於塔里木河的現狀，要繼續加大治理和保護的力度，讓塔里木河流域的逐漸好轉的生態環境永遠保持下去。例如，徐海量研究員就認為：「情況的確變好了，但我們仍然不能掉以輕心。如果不能保證輸水的長期性和持續性，塔里木河下游極度脆弱的生態環境很難根本改變，之前持續三十年的惡夢必將重演。」

塔里木河在過去三十多年中面臨的危機，很大程度上是由於無序開荒造成的。但是，無序開荒的背後，凸顯的是水資源管理體制困境。那時候，由於塔里木河的四大源流均由沿線各地政府設置的流域管理機構進行轄區內管理，塔管局成立之後，也只擁有幹流管理權，對四大源流來水的多少，難以進行有效

塔里木河流域管理局大樓

管理。這樣一來，源流管理單位既是水資源使用者又是水資源管理者，無疑增加了水資源管理的難度。

陳亞寧是中國科學院新疆生態與地理研究所研究員、中國科學院綠洲生態與荒漠環境重點實驗室主任，作為一名長期從事乾旱區水資源與生態環境研究的科學家，陳亞寧看到這種管理模式的弊端。他和同事們開始分析塔里木河流域各地區、自治州、兵團等多元化利益主體的現狀，並向自治區黨委、政府提出，將塔里木河源流區的阿克蘇河、和田河、葉爾羌河、開都河——孔雀河進行管理機構整編，移交給塔里木河流域管理局統一管理。他認為：應當從源流管起，實現塔里木河流域水資源的統一管理，打破水資源發生和利用過程中的多元主體界線。

陳亞寧的建議得到了採納。二〇一一年，自治區人民政府召開常務會議，決定將原隸屬各地區、自治州管理的阿克蘇河、葉爾羌河、和田河和開都河——孔雀河流域管理機構整建制移交塔管局，對源流水資源和河流上控制性水利工程實行統一管理，建立塔里木河流域水資源統一管理新體制。塔管局對各流域重要控制性工程實行直接調度管理，強化在全流域水量統一調度上的權力。陳亞寧認為，這對於水資源的合理配置和高效利用，是一個很大的進步，從流域上基本實現了地表水的統一調度與管理。

塔里木河流域水資源管理體制改革，是塔里木河全流域乃至全新疆水利事業的一次歷史性變革，為全面實施流域管理與區域管理相結合，區域管理服從流域管理的新體制樹立了典範，為流域水資源限額引水、合理配置、高效利用打下了堅實基礎。

到二〇一三年，塔里木河流域各源流管理者的移交工作已經基本完成。二〇一四年五月二十三日，經過上級的協調，兵團第二師將大西海子水庫移交塔管局管理。經過近兩年的努力，新體制已初見成效。自二〇一一年起，塔里木河又進行了第三時段的兩次輸水，連續兩年沒有出現斷流。

塔里木河流域管理局接手塔里木河各源流的統一管理工作後，加強了對河

道涉水工程的管控。例如，二〇一三年六月，開都河河道上的一處水工程被查處。項目為博湖縣開都河風景旅遊帶壅水工程，目的是調節提升開都河博湖城區段水位，工程已進行圍堰施工。塔管局得知這一情況後，立即向施工單位下達整改通知書，施工隨即被叫停。

在進行管理體制創新的同時，還進一步統籌考慮二十一世紀第二個十年乃至更長時間內，塔里木河流域水資源綜合利用和生態環境保護。在自治區人民政府的領導下，自治區水利廳組織編制了《塔里木河流域綜合規劃任務書》（以下簡稱《任務書》）。二〇一〇年七月三十日，水利部對《任務書》進行了批覆，《任務書》裡明確了這次編制塔里木河流域綜合規劃（以下簡稱「綜合規劃」）的指導思想、原則、目標和任務等內容。

《任務書》把綜合規劃的原則概括為「四個堅持、一個協調」，即：堅持以人為本、人與自然和諧的原則；堅持統籌規劃、綜合治理、綜合利用的原則；堅持經濟社會發展與生態環境保護相協調的原則；堅持因地制宜、突出重點的原則；充分利用已有規劃成果，成果之間相互協調的原則。

綜合規劃的近期目標是：通過流域水資源合理配置，為流域生態環境保護和經濟社會發展相協調提供保障；塔里木河流域近期綜合治理提出的主要控制斷面下洩水量要求得到有效保證，使下游生態環境繼續得到恢復和改善；通過控制性樞紐工程和防洪工程建設，使流域供、飲水保證程度進一步提高；基本建立權威、高效的流域管理體制和運行機制，初步形成流域統一管理體系。

綜合規劃的遠期目標是：形成完善的水資源調度和管理體系，水資源得到合理配置和高效利用；流域生態環境逐步改善，生態安全得到基本保障；幹支流水質達到水功能區目標，河流生態系統得到進一步保護和改善；流域水利工程基本配套、完善，供水安全、飲水安全、防洪安全得到有效保障，建立較為完善的水利現代化體系；流域統一管理更加完善。

編制綜合規劃的工作重點主要包括四個方面：一是提出流域水資源的合理配置方案；二是提出塔里木河源流及幹流生態保護目標和措施；三是提出加強

流域統一管理的體制和運行機制；四是建立全流域水資源信息化管理系統，逐步實現全流域水資源統一調度和管理。

為了順利完成綜合規劃的編制工作，二〇一〇年十一月，自治區人民政府成立了由錢智副主席任組長的「塔里木河流域綜合規劃工作領導小組」（以下簡稱「領導小組」）。在領導小組的領導下，在流域各地州、兵團師及相關單位的支持、配合下，塔里木河流域綜合規劃工作領導小組辦公室（以下簡稱「規劃辦」）主動協調各方，積極推動綜合規劃的編制工作。領導小組積極組

自治區副主席錢智參加塔河流域綜合規劃工作會議

博湖縣城一角

織不同層次的工作會議，安排部署落實綜合規劃的各項工作。

規劃辦則負責全面收集資料，認真聽取流域各地州、兵團各師的意見和建議，做好綜合規劃的基礎工作。如規劃辦先後三次組織綜合規劃承擔單位赴塔河流域開展踏勘、調研、座談和收集資料工作，進一步了解了流域內有關部門對塔河治理的意見、建議，補充收集了大量的資料。在綜合規劃編制過程中，規劃辦多次要求塔里木河流域各地區、自治州、兵團各師提出各自規劃需求，並聽取了流域內有關部門對流域治理目標、水資源合理配置、經濟發展與環境保護、工農業發展指標、工程總體布局等方面的需求意見和建議。二〇一二年十月十二日，規劃辦還在塔管局組織召開了塔里木河流域綜合規劃編制工作討論會，對綜合規劃中已經初步完成的灌區規劃、水資源利用規劃控制性指標進行交流、溝通、討論，明確各地州兵團師不同規劃水平年的灌溉面積、大農業結構、各業用水、水資源配置等指標，並對綜合規劃編制工作提出了很多建設性意見。在規劃編制過程中，規劃辦還多次與兵團水利局就綜合規劃編制工作內容、任務分工安排和規劃編制過程中存在的問題及時進行溝通、協商……

規劃的編制工作是繁重而艱辛的，因為塔里木河流域綜合規劃範圍為一百零二萬平方公里，規劃面積大、範圍廣，涉及南疆五個地區、自治州、四個兵團師以及眾多行業部門，因此工作執行中協調的部門多，溝通和解決各種問題的難度也非常之大。

然而，就是在這樣巨大的壓力之下，規劃辦用了三年時間，到二〇一三年底，完成了綜合規劃總報告、五個分報告及二個專題的編制工作。分報告包括：塔里木河流域灌區規劃報告、塔里木河流域水資源調查評價報告、塔里木河流域水資源利用規劃報告、塔里木河流域水資源保護規劃報告、塔里木河流域信息化規劃報告；專題包括：塔里木河幹流生態需水及對策研究、塔里木河流域管理體制和管理機制研究等成果。二〇一四年初，綜合規劃報告上報水利部審查，並計劃在二〇一四年底上報國家發改委審查。

到本書截稿時，塔里木河綜合治理規劃尚在國家有關部委的審查之中。但

是我們相信，規劃報告審查通過之後，對塔里木河流域將產生歷史性的積極影響。因為，這時候的新疆自治區政府，對綜合治理塔里木河積累了十多年的成功經驗；塔里木河流域有了統一的管理機構；塔里木河的綜合治理得到中央政府和有關專家的大力支持。

我們可以預見，二十年後的塔里木河，將是一個水波蕩漾、充滿生機的內陸河流；二十年後的塔里木盆地，將是一個美麗富饒、充滿生機的「塞外江南」。

故河新貌 05章
治河帶來的積極效應

拯救塔里木河，不僅僅是拯救塔里木河那段已經乾涸的幹流，而是一項綜合性的治理大工程，也包括了對塔里木河的支流及其流域的治理。此外，新疆境內的其他河流，也受到了綜合治理塔里木河工程的影響，紛紛出臺相應的政策，進行流域生態保護和建設，開發利用流域內的資源，讓古老的河流煥發出新的面貌。

俗話說：「管中窺豹，略見一斑」。在了解綜合治理塔里木河流域的時候，我們還可以看一下塔里木河部分支流流域的治理效果，以及已經不是塔里木河支流的車爾臣河的開發利用，體會一下綜合治理塔里木河帶來的積極效應。

葉爾羌河的節水

葉爾羌河是塔里木河最長的源流，它發源於喀喇崑崙山脈葉城縣的喀喇崑崙冰川，在阿克蘇地區的阿瓦提縣與和田河匯合，注入塔里木河，全長 1281 公里。葉爾羌河流域地跨和田、喀什、克孜勒蘇、阿克蘇 4 個地區、自治州、13 個縣市，境內流域總面積 10 多萬平方公里。

葉爾羌河流域的山區面積 6.08 萬平方公里，平原地區面積 4.12 萬平方公里。平原地區主要是綠洲和沙漠，其中綠洲面積 1.71 萬平方公里。葉爾羌河流域的綠洲，是新疆最大農業灌溉區，在中國各大灌區中位列第四。它們分布在葉爾羌河喀群以下至巴楚夏河林場，提孜那甫河江卡以下至兵團農三師前進水庫之間，是一個長約 400 公里，寬約 50-80 公里的狹長地帶，呈西南——東

北走向。它的東側，是塔克拉瑪干沙漠，西側是克孜勒戈壁、布古里沙漠和托乎拉克沙漠。

葉爾羌河的形成，自古以來就流傳著一個英雄的故事。傳說在非常久遠的年代，喀什南部的崑崙山腳下，有一個普普通通的小村莊。村子裡有個青年叫葉爾羌，他從小父母雙亡，全村人共同把他養大。葉爾羌十八歲那年，村裡遇到了一場百年不遇的大旱。村民集合到一起，決定挑選一個人，為全村人尋找救命的水源。葉爾羌成為完成這個任務的最佳人選。葉爾羌不辭勞苦、歷經艱辛，在翻過九十九座大山，走過九十九條山路後，遇到一位老神仙。老神仙被葉爾羌的誠意與堅強所打動，送給他一個寶葫蘆，並告訴他回到村子後，把寶葫蘆從村子附近最高的山頂上倒出來，就會有水了。葉爾羌立刻趕回家鄉，沒顧上和鄉親們打招呼，就去高山之上傾倒寶葫蘆。然而，由於過度勞累，葉爾羌一個失手，把寶葫蘆落到山澗之中，雖有清泉冒出，但是水量太小了。葉爾羌縱身跳下山崖，跳進汩汩的泉眼裡。頓時，一眼清泉變成一條波浪翻滾的大河。葉爾羌死了，但是卻形成了一條大河，讓鄉親們再也不受乾旱之苦了。人們為了紀念這位獻身的青年，就為這條河取名為「葉爾羌河」。

從上面這個尋找水源的傳說中，我們不難看出，水同樣是葉爾羌河流域的生命線。在東西兩側沙漠的包圍之下，如果失去了水的滋養，綠洲也將

喀群渠首

不復存在。可以說,在葉爾羌河流域,水是人類一切生產生活的前提條件。在葉爾羌河綠洲悠久的歷史中,對水資源的管理與分配,是一切水利管理的中心與焦點,是貫穿著治理葉爾羌河流域的主線。

在《塔里木河流域近期綜合治理規劃報告》(以下簡稱《規劃報告》)中,也包括了對葉爾羌河的治理規劃。其中,除了規劃葉爾羌河下游向塔里木河輸水工程以外,對葉爾羌河的治理主要是灌區節水改造工程、平原水庫節水改造工程、山區控制性水庫工程等。

在《規劃報告》的框架內,葉爾羌河流域管理局支持編制了《葉爾羌河流域灌區節水改造工程五年實施方案》(以下簡稱《實施方案》)。《實施方案》的指導思想是:堅持以生態系統的建設和保護為根本,以節水和水資源配置為核心,工程措施和非工程措施緊密結合,生態建設和經濟發展相協調,科學安排生活、生產和生態用水。可見,《實施方案》的主要內容,就是節水改造工

中游渠首

程建設。

葉爾羌河流域的節水改造工程安排的原則是：以節水為中心，在滿足塔里木河及葉爾羌河灌區內部與周邊生態用水的基礎上，發展灌區社會經濟；重點抓好骨幹工程的續建配套與節水改造，採取工程、農業、管理等綜合措施，提高灌區水資源的利用率；堅持可持續發展的原則，高度重視生態環境的保護、改善與建設，在人口、資源、環境與經濟協調的基礎上，實現自身的可持續發展。這些項目實施的目標是：葉爾羌河流域灌區的渠系利用係數由零點四五提高到零點五；年平均向塔里木河輸水三點三億立方米。

二〇〇二年，《實施方案》先後通過了黃河水利委員會和水利部水利規劃總院的審查，開始進入正式實施的階段。二〇〇四年，葉爾羌河流域管理局又對一些指標和項目進行了中期調整。

葉爾羌河流域灌區節水改造工程主要包括以下一些項目類型：常規節水工

程、高效節水工程、地下水開發利用工程、下游河道疏浚工程。

葉爾羌河流域是一個歷史悠久的老灌區，流域內骨幹渠系已經基本形成。但是，葉爾羌河上、下游河道不配套，有的地方由於年久失修，配套設施跟不上，大大影響了灌溉管理和水量調配，更難做到按需供水和計劃用水。在常規節水工程建設中，從渠首、總幹渠、幹渠到支渠，都進行了新建、擴建或改造，全面提升葉爾羌河的節水能力。

在渠首和總幹渠部分，新建了中游渠首，合併了該渠首以下的現存八條引水龍口和渠首配套的麥蓋提總幹渠、中游西岸總幹渠等；改造了葉爾羌河東岸、西岸輸水總幹渠、葉城肖塔總幹渠、莎車勿甫總幹渠、中游西岸總幹渠、巴楚總幹渠等七條總幹渠，總長 267.64 公里。這些工程完工投產後，總節水量可達 23186 萬立方米。

在幹渠部分，改造了葉城「七一」大渠、加依特勒克渠、莎車米夏渠、前進水庫放水渠、小海子水庫中幹渠等六十條幹渠，總長 1101.41 公里。這些工程投產後，總節水量可達 26324 萬立方米。

在支渠部分，改造了莎車波瓦西渠、葉城夏馬力渠、巴楚卡巴克塔勒渠等五十四條支渠，總長 512.64 公里。這些工程投產後，總節水量可達 3610 萬立方米。

這些常規節水工程項目的實施，取得了顯著的效益。我們不妨以葉爾羌河東岸輸水總幹渠為例，來看一看這些項目實施後的效果。葉爾羌河東岸輸水總幹渠全長四十四公里，起於喀群渠首，止於匯入提孜那甫河的澤普那甫拉克村。在工程實施之前，渠道多次被沖壞而被迫停水，過水流量長期只達到設計能力的 60% 至 70%，即使是在汛期用水高峰期，還是不能滿足灌溉的需求，渠道中段由於地下水位下降、渠床破舊造成滲漏嚴重。

二〇〇一年七月，葉爾羌河東岸輸水總幹渠節水改造工程正式施工，節水改造段始於東岸總分水閘，止於提孜那甫河匯入點，全長 28.336 公里。在改造時，利用枯水期和冬季停水期施工，不另開導流渠。二〇〇三年十一月，經

過二年多改造，工程完工，總投資 1960 萬元，總節水 1193 立方米。工程完工投產後，經過冬季和汛期的考驗，運行情況良好。

在綜合治理塔里木河的同時，新疆維吾爾自治區政府還推廣高效節水灌溉技術。葉爾羌河流域各單位在這方面也取得了顯著的成效。到 2007 年，全流域共建設採用管道灌溉、噴滴灌溉等高效節水灌溉技術的耕地 13.88 萬畝，其中地方 11.74 萬畝，兵團 2.14 萬畝，總節水量達到 2234 萬立方米。

1985 年以後，葉爾羌河從巴楚夏河林場以下到匯入塔里木河河口段、總長 295 公里的河道，由於人工設障、風沙侵襲造成淤塞等原因，已經失去了河道的功能。因此，葉爾羌河下游河道疏濬（一期）工程是被列為塔里木河近期綜合治理的項目之一。

2008 年 3、4 月間，葉爾羌河流域管理局和塔里木河流域管理局分別組織相關人員，就下游河道疏濬進行了實地踏勘，做好了工程開工前的準備工作。葉爾羌河下游河道疏濬工程（一期）位於阿克蘇地區阿瓦提縣境內，全長 43.09 公里。工程的實施過程中，隨時都會出現各種意想不到的困難。比如在測量放線過程中，因為測量線路長，時間緊，要穿過茂密胡楊林和紅柳，通視條件很差，所有參加測量的單位都出現過迷路的情況；胡楊林裡的蠍子和硬蜱蟲也給施工人員造成了很大的困擾，在夏季的烈日下，會有成群結隊的硬蜱蟲從紅柳林鑽出來，朝人們的跟前爬。到了晚上，蠍子更喜歡朝比較涼快和潮濕的帳篷裡爬。有一位技術員的腳被蜇以後，整個腿都腫了起來，後來使用了抗毒血清才治好。

但是，參加施工的人員還是克服了這些困難，經常加班加點地施工，各單位密切合作，保證了工程的完工。2011 年 8 月 2 日，葉爾羌河下游河道疏濬工程（一期）順利通過部分工程投入使用驗收。驗收委員會一致認為，該工程建設符合基本建設程序，確認河道疏濬工程已全線貫通，形象面貌較好，達到設計及施工要求，通水運行各項工作已準備妥善，具備通水條件，工程質量合格，同意投入運行，一致通過驗收鑑定書。新開挖河道部分工程

完工並投入使用後，即可實現葉爾羌河向塔河幹流輸送生態水。

和田河的新生

　　和田河發源於崑崙山和喀喇崑崙山，由南向北橫穿塔克拉瑪干沙漠注入塔里木河，是塔里木河流域的主要源流河之一。在拯救塔里木河的各項措施中，和田河的河道疏濬整治工程，是綜合治理重點建設項目之一，國務院在《規劃報告》中批覆的和田河生態建設內容，主要是治理和田河幹流。

　　然而，二十世紀九〇年代以來，由於市場炒作等因素的影響，新疆和田玉價颷升。受高額利益驅動，原來的人工撿玉演變成大規模機械濫採亂挖。上千臺大型挖掘機將玉龍喀什河七十多公里的河床及兩岸的砂石翻了個遍，溝壑遍地、千瘡百孔，地質環境遭到嚴重破壞。

　　濫採亂挖對地形地貌造成大面積破壞，大大小小的採石坑、高低不等的廢石堆沒有及時回填，對附近農田、綠化帶、幹渠、村莊造成威脅。本來就稀少的地表植被遭到嚴重破壞，大大降低了阻止沙漠的能力，加速了沙漠南侵的速度，流沙緊逼距離河床很近的新疆第二條沙漠公路以及 216 國道。

玉石一條街

　　二〇〇六年十月，新疆

玉石子料

國土資源廳會同和田地區有關部門組成聯合調查組，對玉龍喀什河流域玉石礦濫採區進行全面勘查，提出全面治理、恢復玉龍喀什河流域地質環境方案，確定二〇〇六到二〇〇七兩年先期實施一期工程三個項目。

新疆國土資源廳從項目資金中擠出一百六十五萬，於十二月二日啟動恢復和田玉龍喀什河流域地質環境第一個示範性治理工程。新疆華光地質勘察總公司派出五十多人的施工隊，投入三十輛裝載車，奮戰二十多天，對鄰近玉龍喀什河的新疆第二條沙漠公路兩側五十米寬、八公里長的濫採區進行回填，共回填土石方二十多萬立方，平整一千一百八十畝濫採區。

二〇〇七年夏天，和田地區加大治理力度，禁止當地幹部參與玉石採挖，禁止無證採挖、機械採挖。責令八十一名出資購買挖掘機、合股參與玉石採挖的幹部退出，清理一千六百多名採玉人，扣押大型機械六百多臺，玉龍喀什河濫採亂挖現象得到初步遏制。

二〇〇八年，有關部門對玉龍喀什河東側至216國道、玉龍喀什鎮至山口兩個濫採區進行治理，恢復被破壞的地質原貌，力爭用三到五年時間全面治理玉龍喀什河流域地質環境。

為避免這邊治理、那邊繼續濫採亂挖，有關部門和地方政府還合力構建長期有效的監管機制，組織農民利用農閒時間巡查，通過宣傳強化農民形成保護生態、保護資源、保護家園的意識，形成群眾自發監督，避免新的濫採亂挖、破壞地質環境行為發生。

和田地委積極採取措施，以強有力的手段遏制濫採亂挖的惡劣行徑。同時，為進一步規範開採秩序，對採挖單位及個人收取一定的地質環境保證金，迫使開採單位採挖後按要求恢復地質環境，以此扭轉廢棄採石坑不及時回填、廢石堆無人管的局面。

為確保塔里木河流域汛期水量調度工作的正常運行，加大和田河流域水量下洩力度，增加塔河幹流河道來水量，緩解幹流旱情。二〇〇八年七月，由塔里木河流域管理局水政監察分隊及阿管處組成的塔管局水調督察組，對和田河流域開展了水量調度檢查、河道輸水巡查工作。水調督察組聽取了和田地區近一階段執行限額用水情況的簡要匯報，對喀拉喀什河渠首引水情況進行了實地檢查。

水調督察組要求地區要嚴格執行塔里木河流域管理局下發的水調指令，加強灌區配水、用水管理，顧全大局，力爭將和田河水儘快輸往塔河。水調督察組深入和田河流域兩河渠首及和、墨、洛三縣灌區、兵團十四師皮墨墾區、四十七團灌區，對灌區引水和貫徹落實水調情況進行檢查。在兩河現場察看了水文斷面、水利工程的運行及配水情況以及和田河流域兩河渠首在水量調度執行及水量監測計量等有關問題，和田河流域管理局和和田地區水文局本著「團結一致、共同配合、準確監測」的原則，加強水量監測尤其是新建大河下洩斷面的水量監測工作，為和田地區水量調度及限額用水核算打下堅實的基礎。

為確保和田河水順利進入塔里木河，水調督察組要求地區水利部門儘快成

立一個河道巡查組，加大下游河道巡查力度，及時發現、制止和處理違法開口、堵壩引水等行為，並對和田河河道進行清障。由和田河流域管理局水政、水管人員組成的巡查組，沿和田河全線進行巡查。塔管局水量督察組沿和田至阿克蘇沙漠公路，對和田河下游河道重點河段及水頭行進情況開展巡查。據水調督察組沿河巡查了解，輸水水頭已經通過和田河紅白山，距塔里木河幹流肖塔站約一百八十八公里。

在塔里木河綜合治理規劃中，包括了和田河河道疏濬整治工程。二〇〇三年六月，和田河流域管理局委託農業部新疆勘測設計院開展了「和田河河道疏濬整治工程」的前期設計工作。二〇〇六年十一月，技術人員通過三年多的現場踏勘、變更、設計等工作，終於完成了前期報批工作。二〇〇七年，這項工程列入塔里木河項目投資計劃中，計劃總投資九千三百四十五萬元。該項目的實施，不僅確保了向塔里木河幹流輸送生態水，而且對和田河流域灌區的防洪、灌溉、生態等方面都起著積極的推動作用。

和田河河道疏濬整治工程幹流段包括防風固沙工程、河道疏濬工程、幹流河汊道生態堰工程、幹流護岸工程、幹流輸水堤防工程五部分，玉龍喀什河輸水堤上段主要為玉河渠首整治段和輸水堤防工程。二〇〇七年八月，和田河道疏濬整治工程完成招標。九月二日，隨著一聲鞭炮聲響，在玉龍喀什河上段工程，新疆水利水電建設工程局舉行了開工儀式，挖下了第一鏟土石方，工程正式開工建設。

二〇〇八年四月十五日，和田河河道疏濬整治工程幹流段完工；五月三十日，玉龍喀什河輸水堤上段工程完工。工程投入使用後，運行正常，發揮了較好的社會、經濟和生態效益。二〇〇九年六月，塔里木河流域管理局與和田地區發展改革委員會、水利局共同主持了和田河河道疏濬整治工程（幹流段、玉龍喀什河輸水堤上段）的竣工驗收，竣工驗收委員會同意工程通過竣工驗收。二〇〇九年四月三十日，和田河河道疏濬整治工程（喀拉喀什河輸水堤）完工，並於二〇一二年五月通過了驗收委員會的驗收。

巡視車爾臣河東岸防護林

　　和田河河道疏濬整治工程的效益是明顯的。二○一二年六月下旬,受氣溫過程影響,和田河兩河支流的來水量明顯增加。和田河的兩條支流玉龍喀什河和喀喇喀什河分別於六月二十三日、六月二十七日開始向塔河幹流輸水。七月七日,下洩水量到達和田河末端肖塔斷面,匯入塔里木河的幹流。七月十五日,和田河肖塔斷面日平均流量為八十二立方米／秒。

車爾臣河的開發

　　二〇〇八年八月，我走進了沙海蜃樓、玉王故鄉的且末。且末是歷史悠久的地方，古代的且末國，曾是秦漢時期西域三十六國之一。至今，在老車爾臣河岸臺地上，還有且末古城的遺跡。

且末是一塊神奇的土地：這裡擁有全國最大的野生動物自然保護區——阿爾金山自然保護區；這裡擁有新疆第一家正式批准的野生動物狩獵場——阿爾金山狩獵場；這裡擁有世界上最大的青白玉——和闐玉王，被譽為「天地之精靈」和「人間聖潔之化身」；這裡擁有被稱為冰山之父的木孜塔格峰——若一位白馬王子，剽悍而強勁；這裡擁有天之眼、地之泉的無名湖——無名湖是國內外內陸湖中較為罕見的高原湖泊，成群結隊的藏羚羊、藏野驢和野生犛牛是無名湖靈動的漣漪。

　　且末還有著一條「母親河」——車爾臣河。它維繫著且末縣僅有的一片六萬平方公里的綠洲，而這片綠洲僅占全縣面積的百分之四點三。

　　車爾臣河發源於崑崙山北坡的木孜塔格峰，是新疆巴音郭楞蒙古自治州境內崑崙山系、阿爾金山系中最大的河流，河道全長八百一十三公里，最終注入臺特瑪湖。在塔里木盆地的大漠中，車爾臣河婀娜而多姿，若一位仙女飄然而至。在歷史上，車爾臣河曾是塔里木河的源流之一。至今，它仍與塔里木河一道，共同滋養著塔克拉瑪干沙漠東部的綠色長廊，是塔里木河下游綠洲的生命線之一。車爾臣河哺育出的流域，曾是一個充滿傳奇的地方。十三世紀的時候，義大利旅行家馬可‧波羅就曾向他的國王傳遞了一個驚人的信息：且末有河，河中有玉和玉髓。馬可‧波羅所說的河就是車爾臣河。

　　那天，我站在車爾臣河畔，眺望著遠遠近近的人工沙障，我的思緒彷彿車爾臣河的水激盪不息。且末人民克服重重困難，響亮喊出「抵禦風沙，保衛家園！」這喊聲在塔克拉瑪干上空迴蕩。我驚嘆於自然界的殘酷，也深深地為且末這片綠洲捏一把汗！我嚮往著這座「孤城」在劇烈的演變中終歸會和自然重歸於好。

　　車爾臣河是塔里木盆地東南部徑流量最大的河流，但是，由於流沙的影響，它在歷史上也曾三次改道，曾使聞名西域的且末古城兩度被風沙吞噬。現在，車爾臣河僅在冬季和洪水季節才有水流入臺特瑪湖。河東的沙漠仍以每年五到十米的速度自東向西推進，直接威脅縣城的安全。且末縣的存在與否，主

要由車爾臣河同塔克拉瑪干沙漠之間的勝負較量而決定。

近幾年來，且末人憑藉著生態文明的理念——這異常精密又日趨複雜的理念，導演著一幕幕與自然擁抱的喜劇。且末人在鍥而不捨、不盡不息地對生活環境的追求中，得到了不斷昇華。他們憑藉自己的智慧和毅力，藉助車爾臣河帶來的水源，讓自己家園的環境有了變化，讓這個小城變得漂亮起來。二○○五年，新華社記者曹志恆和高峰到且末採訪，他們發現，在車爾臣河兩岸，出現了兩道「綠色屏障」。在它們的衛護下，且末的沙塵暴天氣由多年的年均二十二天減少到十天，浮塵天氣也減少了一半；且末縣城綠化覆蓋率達到了百分之四十二，人均占有綠地五十平方米。

車爾臣河東岸是一片長十一公里、南北寬六百米的綠色防護林帶。且末縣林業局治沙站副站長姜濤說：「四千多畝防護林每畝成本高達八百元，這些資金全部由縣財政自籌，機關幹部義務出工，先扎草沙障固定流沙，然後就地打井取水，採用滴灌技術栽植沙生灌木。」二○○一年以來，為了與河東治沙工程相配套，且末縣又啟動了車爾臣河西岸生態防護林工程，營造出一條總長二十四公里、寬五百多米的林帶。在以往植樹造林基礎上，且末縣人民每年通過春秋兩季義務植樹，新增了大面積的人工林，從而完善了農區內部喬、灌、草結合的防護林體系。縣城東郊的居民斯迪克・阿尤甫感慨萬千：「在我的記憶中，沙漠在十二年間向前推進了三十米，院子裡的果樹每年都要蒙上一層厚厚的沙土，我們全家每年都要洗果樹。二○○○年以後，縣城的生態小環境明顯改善，風沙也少了許多，我再也沒洗過果樹上的泥沙！」二○○七年，且末縣獲得了國家建設部頒發的「中國人居環境範例獎」。誰能想到，這裡曾是一個被稱為「沙漠孤島」的荒漠化、半荒漠化地區。生態文明的力量，在且末有了最好的註腳。

車爾臣河東、西兩岸兩條綠色林帶，將大漠風沙擋在了車爾臣河沿岸，攔截住沙龍隨時進擊的腳步。一代代且末人，在這並沒有得到上帝格外恩賜的土地上，創造了燦爛的文明與文化。許多年來，且末人讚美且末，從沒有忘記她

是從一個滿目瘡痍的「沙漠之城」，發展到今天的農、林、牧、草、棗業體系健全的綜合性「綠洲之城」。為這裡帶來水源的車爾臣河居功至偉。

車爾臣河的水量較大，二〇一二地年和二〇一三年的汛期，且末人民還忙著抗洪搶險。這是因為車爾臣河的縱坡度達七（河道每公里下降七米），導致河水流速較快；同時，車爾臣河又穿過沙漠地帶，河水含沙量較大，汛期時每立方米河水含沙約七公斤。由於河道泥沙淤積較多，令河床「游蕩性」增強，給防洪工作帶來了難度。

車爾臣河流域是維繫且末縣經濟社會發展和生態安全的重要河流，同時還是青新鐵路建設和羅布泊鉀鹽開發的後備水源。保護、開發和利用好車爾臣河水資源，在拯救塔里木河的大行動中，逐漸也提上了日程。二〇〇四年十二月，且末縣人大常委會批覆了《新疆且末縣車爾臣河流域規劃報告》。兩年後，巴州人大常委會同意了修改後的規劃報告。

《新疆且末縣車爾臣河流域規劃報告》提出，要利用流域內水資源豐富的特點，開發水電。報告提出的主要任務是：從河道出山口到車爾臣河第一分水樞紐段，是車爾臣河水能蘊藏量最豐富的地區，重點開發水能資源，以水力發電為主；從第一分水樞紐段到塔提讓大橋段，河道從戈壁灘進入灌區，主要任務是保證灌溉用水，減少洪水的威脅；在河道出山口以上段和

且末莊園

塔提讓大橋以下段，提出生態保護要求。二○○六年九月，新疆維吾爾自治區水利廳在對且末提出的水電項目提出了修改意見後，批覆了水電項目的《可行性報告》。二○○七年，自治區發展改革委員會也批覆了《可行性報告》。且末縣對車爾臣河的開發利用，邁開了新的步伐。

二○○九年五月二十六日，巴州車爾臣河流域管理處在且末縣水利局正式掛牌成立。這標誌著車爾臣河水資源統一管理、合理開發及有效保護塔里木河下游綠色屏障進入新的歷史時期。二○一○年六月中旬，車爾臣河水量較大，洪峰流量達到了每秒四百立方米。七月一日，車爾臣河的水頭到達它的尾閭湖臺特瑪湖。臺特瑪湖在乾涸了兩年後，又重現碧波蕩漾。

生態紅利 06章

青山綠水富人民

經過十多年的治理，塔里木河幹流的河流生態系統已經初步恢復。同時，河道內流水和地下水運動給水生生物提供了有利條件，已經在最下游積水湖泊中發現博斯騰湖的「五道黑魚」和車爾臣河的「大頭魚」等魚類，更有黃鴨等水鳥成群游弋在河道和積水湖中，說明下游河流生態系統及生態環境得到了改善。

　　在治理塔里木河的過程中，塔里木河流域的人民親身參與、親眼目睹了塔里木河的生死輪迴，體會到了人與自然和諧相處帶來的好處。例如，巴音郭楞蒙古自治州就提出了「生態立州」發展戰略，提出進一步強化「既要金山銀山，又要綠水青山」理念，在充分挖掘優勢資源、開發項目的同時，注重對生態的保護，切實做到在發展中保護、在保護中發展。在項目安排上，不利於生態建設的規劃不出臺，不利於生態建設的項目不立項，不利於生態建設的工程不上馬。

　　在綜合治理塔里木河的過程中，我們還看到塔里木河流域人民奮起「自救」，探索出人與自然和諧共處的經濟發展模式。他們在收穫青山綠水的生態環境的同時，也走向了富裕之路。

塔河再生

　　二〇一三年九月中旬的一天，我伴同烏魯木齊的文友到羅布人村寨遊玩。羅布人村寨位於尉犁縣城南三十五公里處，距離庫爾勒八十五公里，村寨

方圓七十二平方公里，是中國西部地域面積最大的村莊之一。

因為臨近十月，塔里木河兩岸的人家已早早地生起了火。我們一行在一位羅布老人的邀請下進到屋裡，屋裡爐火正旺，一股熱氣撲面而來，彷彿春風拂拭，周身頓然舒展起來。「羅布」大媽提著一壺飄香的濃茶，為我們款款斟茶。我們依次盤腿坐在氈毯上，每人面前擺上了馬奶子、奶酪和抓飯。抓飯是用大米、羊肉、胡蘿蔔絲、皮牙子、洋蔥等各種調料做的，奇香。

烏買爾·尼亞孜從小隨父輩從羅布荒原遷徙至塔里木河上游的喀爾曲尕，對塔里木河有很深的感情，塔里木河是他們的生命之河。塔里木河不僅養育了他們，也同時養育了他們的牛羊。現在，他們生活富足，日子過得像升到中天的太陽。

從烏買爾·尼亞孜家出來已近傍黑，而我們的心卻是敞亮的。

曾幾何時，塔里木河幹流蒼涼了悠長悠長的歲月，把河道也束得瘦了許多，天便灰得痛苦。河道時有時無的水，使得河床乾裂得彷彿枯瘦如柴、飽經風霜的老人，想必他已歷經磨難很久很久了。時有不法分子，時有災異，但只要「不法」與災異過去，塔里木河流域依舊靜若秋水，各族人民安居樂業，綠色生命的偉力常使人生出驚嘆！

二〇〇〇年五月至二〇一四年的八月，新疆塔里木河流域管理局先後組織實施了十五次生態輸水大行動。

為了將水最大限度地輸往幹流，緩解幹流中下游旱情，塔里木河流域管理局進一步加大幹流河道管理力度，局主要領導親赴塔河幹流一線，現場督導幹流管理工作；組織成立幹流水政執法應急分隊，大力開展河道集中整治，堅決查處在河道管理及保護範圍內非法扒口、架泵、架線鑿井提取地下水等違法水事案件。與此同時，對已基本完成春灌的幹流上游灌區，也採取了關閘閉口、壓閘減水等措施，確保水量順利下輸。

歲月蹉跎，時間的長河猶若一朵瞬息即逝的浪花，可對於塔里木河管理局自上而下的幹部、職工來說，他們平凡而悲愴的生命裡閃爍的光彩，並沒有因

羅布老人

為時間的流逝而失去燦然的亮麗。

千里長堤，若「萬里長城」——

599 公里的堤防和 42 座生態閘，減少了跑冒滴漏，提高了水的利用率，改變了過去河床無水乾裂、有水漫溢的境況。僅此一項措施，就增加了生態供水 4 億立方米，既可給河流沿岸植被輸水，同時也減輕了下游巴音郭楞蒙古自治州和新疆兵團第二師的用水壓力。

2011 年 6 月，大西海子水庫蓄水量已達 1.08 億方水，且仍有來水入庫。2010 年至 2011 是水量調度年（2010 年 10 月至 2011 年 9 月），塔里木河上游三源流（阿克蘇河、葉爾羌河、和田河）來水 215 億立方米，比近 10 年同期平均減少 8.2 億立方米，但向塔里木河幹流下洩水量卻比近 10 年同期平均增加了 5.9 億立方米，下游恰拉斷面來水量更比近 10 年平均同期增加 9.4 億立方米，創 48 年來該斷面水文歷史紀錄最大值。

自 2010 年 5 月至 2011 年 9 月，塔里木河幹流全河段已持續 17 個月不斷流，結束了自 1988 年以來 24 年連年斷流的局面。實施了第 12 次生態輸水後，全年共補給上游生態水量 2.09 億立方米，中游 7.25 億立方米，自大西海水庫向塔里木河下游下洩生態水 6.5 億立方米，下洩水量居歷次生態輸水量之最。

隨著塔里木河幹流河道管理和水政執法力度的不斷加強，幹流輸水效率明顯提高。1994 年，塔里木河幹流上游阿拉爾斷面來水 60.8 億立方米，到達下游恰拉斷面的水量僅 2.7 億立方米；2011 年度，阿拉爾斷面來水 54.4 億立方米，下游恰拉斷面來水已達到 13.4 億立方米。

塔里木河流域管理局 2011 年按計劃保證了流域各灌區灌溉用水，實現全流域農業增產增收，生產、生態供水雙贏，全年按計劃保證了流域各灌區灌溉用水。目前，源流水庫蓄水情況與 2010 年那個豐水年的水庫蓄水情況基本持平，其中，阿克蘇河、塔里木河幹流水庫蓄水好於往年。

歷經 10 多年的大規模治理，塔里木河終於在艱難中回歸原貌。

「生態立縣」

一九七八年，若羌人嘗試著栽下了紅棗樹、葡萄、香梨、蘋果、巴旦木、毛桃。直到新世紀的鐘聲轟然敲響時，全縣栽種下的各類樹苗存活率僅為十四點一萬株，效益甚微。農民們人均收入僅為二千零七十四元，縣財政收入一直在汗淋淋的七百萬元這個數字上徘徊。有人把自己的鍋碗瓢盆全砸碎了，近千人悄悄地走了，漂亮的姑娘遠嫁他鄉。

輸水後的塔里木河

出路在哪裡？

小會、大會從縣委一直開到村委，當縣委書記張亞平和各有關部門領導以及鄉、村書記聚在一起時，若羌幾萬父老鄉親才那樣切實地感到決定自己命運的時刻真正到來了。

若羌的初春，樹已悄然吐出了綠芽，春風卻依然颳得人骨頭生疼。會議已經開了好幾天了，但思想卻一直不能統一。

到了第五天，凝固的僵局開始解凍。解凍僵局的卻是一句老話：「我們難道還要穿新鞋走老路？」會場上的人一下驚住了，不種棗樹，還要你坐在這裡幾天不挪屁股嗎？驚愕之後，五花八門的意見破冰而出。

「還是不種的好。咱們又不是沒種過，折騰了幾年，卻不見有效益。」有人主張不種。

「種吧，紅棗具有重要的醫療保健價值，具有養顏、抗衰老、補脾健胃、益氣生津、解毒之功效。況且，紅棗樹用水少，既可綠化環境，又可有經濟效益。現如今可不比當年了，人們的消費要求更注重保健。」有人主張要種。

有人憂心忡忡：「種紅棗會不會像前幾年那樣？產量低，銷售渠道不暢通，不見效益，棗農技術跟不上，週期太長……」

這時，悶在牆角的郭樂發話了：「依我的經驗，種紅棗有利可圖！況且，現在交通便利，信息發達，不愁沒有銷路。我從一九八六年開始種紅棗，先在埂子上插種，就那幾年紅棗也賣到了五塊到十五塊一公斤。種紅棗還有一個好處，既能有收入還能防風沙，更何況，棗樹在我們若羌是最好的樹種，也是最經濟的樹種。若羌氣候得天獨厚，溫差大，因而品質好，如果形成規模，效益不可估量。」郭樂給人歷經滄桑的感覺，況且他在若羌也算是首富，這使得他的話更具有權威性。一想到紅棗能使自己致富，而且當年栽樹當年就有效益，有的人便有一種厚重的充實感。

吾曼爾‧買買提明是副村長，也是黨員，是維吾爾族幹部中很有威信的人，但吾曼爾‧買買提明卻出人意料地提出了幾個問題：

若羌紅棗

豐收

「過去我種過蘋果、葡萄、巴旦木、核桃，也種過紅棗，全不行！」

有人說：「行！時代不一樣了，科技也在提高。」

「要是大規模種植，虧了算誰的，縣裡能保證不虧我們就幹，縣裡虧了，瘦死的駱駝比馬大，我們個人虧了咋辦？」

大夥兒犯難了，問：「張書記，你說咋辦？」

縣委書記張亞平胸有成竹地說：「二〇〇〇年我到若羌來時，注意到郭樂的棗園子，那時郭樂才四畝地，一畝地年收入一千七百元，是棉花收入的近五六倍，是小麥收入的十餘倍。用水量是傳統林果業的百分之七十，也就是說，一畝棗園節水百分之三十，效益卻是傳統林果業的十倍。」張亞平搓了搓手，手指關節發出有力的聲響，掃了大夥兒一眼，「縣委一班人已經統一了思想，鄉領導、村領導應該跟著縣委的思路走，你們統一了，農民們心裡才會踏實。」

贊同的人占多數。中國最邊遠的若羌，在這一時刻悄悄改變了歷史的進程。張亞平望著大夥兒，他感到兩肩沉重的像掛上了鉛塊。他知道，要真正落實這一決策，後面的路還很艱難，要做好農民的工作不是一朝一夕的事。

在一片棗園裡，甫拉提·司馬義正在給棗樹上肥，神情是那樣專注，目光燦燦地望著那一棵棵棗樹。胳膊上的腱子肉隨揮舞的鐵鍬在抖動，一鍬一鍬的有機肥被埋進土裡。

就是這個維吾爾漢子，不僅是鐵干里克鄉博斯坦村有名的貧困戶，而且是村裡「叫得響」的機靈鬼。

當縣委決定農民種棗樹後，他圍著自家的地轉了一圈又一圈，村幹部一來，他便躲開了，他怕村幹部做他的思想工作。

有一天，張亞平下鄉時，看到了這幕情景，也同時看到了農民心有餘悸。張亞平已多次來找過甫拉提·司馬義，張亞平問：「想不想種棗樹？」

「心裡沒底！」

「為什麼沒底？」

「怕！」一頂破了沿的草帽把黑不溜秋的臉罩得更加陰沉。若羌的農民窮怕了！十一屆三中全會後，村裡搞承包，那種承包後大顯身手幹一場的慾望多少次像吹氣球一樣吹得脹脹的，多少次又氣餒地癟塌下去。越來越惡劣的自然條件讓若羌人的腰桿子直不起來。

張亞平卻偏要讓若羌人的腰桿子挺起來。

「甫拉提‧司馬義，你還年輕，又有文化，將來的日子要過好，就得敢想敢幹，你就放心大膽種吧！種苗由縣裡負責去弄，技術上有農業局的技術人員指導，買樹苗沒有錢，縣委、政府、各局委辦的幹部為大夥兒捐。」

「張書記！」甫拉提‧司馬義抓住張亞平的手，拚命搖，說不出話。

「幹吧，小夥子！」張亞平口氣堅定得彷彿秤砣，「讓你們富不了，我甘願摘下烏紗帽，用黨齡做抵押。失敗了，我甘願受任何懲罰！」張亞平的眼睛紅紅的。

「我幹！」甫拉提‧司馬義把彎曲的腰桿子挺直了，望著遠處郭樂的棗園子說，「就衝著你這個縣委書記的一腔熱情，我拼了這條命也要種！明天你就安排上棗苗吧！」

張亞平拍拍屁股上的沙土，告辭了甫拉提‧司馬義，又去找宋禮。宋禮是寧夏人，一九七〇年，二十四歲的宋禮逃荒投奔同鄉千里迢迢奔新疆而來。同鄉也不富裕，宋禮只能幫人打些短工，討些吃的以維持生計。到了一九七一年，宋禮落戶在吾塔木大隊庫爾賣村。種了一年的麥子，年底，大隊發了一百三十元錢，宋禮高興得一夜沒睡。苦日子過了近十年，八〇年代後，生活逐步好了起來。

早些年，宋禮也在自家的田埂上插種了九棵棗樹，他的九棵樹收成幾百公斤，逢巴扎（維語：集市）還能換回一二百塊錢。前段時間宋禮看別人種了棗樹，他也種了，可是到了晚上他又把栽進地裡的棗苗給拔了，白天犁地時，他還故意將棗苗犁掉，他不能接受大面積種植紅棗樹。張亞平問：「宋禮你咋把種下去的棗苗給拔了？那可是縣上幹部從自己腰包掏錢買來的棗苗呀！」宋禮

頂道：「我就不種你把我咋啦？地是我自個的，我願種啥就種啥。」說完，宋禮依然黑著臉，低著頭只管往家走。

下了一天鄉，張亞平回到家，躺在床上，翻來覆去睡不著。是他選擇錯了嗎？農民們為什麼都不接受？他突然想起來，他剛提出把紅棗產業作為若羌今後農民致富的支柱產業時，就有人善意地告訴他：「早在幾年前，有一個鄉黨委書記家的蘋果園，夜間被人砍得精光，那些蘋果樹已碗口粗了，有的已經結果，還驚動了縣公安局，可直到現在也沒有查到人。」是呵，在農民身上，那種根深柢固的意識在他們心裡蟄伏了三十多年，但這卻是幾百年來的積澱，一下子讓他們改變意識的確太難！

若羌農民的創傷太深重了，這種創傷不僅使他們縮手縮腳，而且使他們對選擇出路總抱有懷疑。若羌的農民中，像宋禮這樣的農民絕不會太少，他們堅實的胸膛裡，卻禁囚著一顆偏執的心。當領導的，一定要有開啟他們鏽蝕的心靈之門的金鑰匙。

究竟是什麼使若羌的農民致富的步履如此艱難？

張亞平想起了一個民間傳說——

有一位青年，好吃懶做，早已過了婚娶的年紀，可是就是娶不上老婆，因為沒有哪個姑娘願意跟一個懶漢過一輩子。有一天，他突發奇想要出外闖蕩找個媳婦。走出瓦石峽，不久便迷了路，走了三天三夜，還是沒有走出沙漠，又渴又餓的他就要面臨死神，他後悔不已，但已別無選擇。第四天，他改變了方向朝太陽升起的地方走去，僅走了半天，前面出現了一眼清泉，清泉旁還有一棵掛滿果子的棗樹。他喝了幾口清泉，又吃了幾顆紅棗，在棗樹下不知不覺地睡著了。在夢中，棗樹問他：「前面有一個人，父母雙亡，他無力埋葬，你說怎麼辦？」經過了這次大劫難，他從中悟到了很多道理，也激發了他善良美好的天性，從夢中醒來後，他直奔前方，看見一個個子稍矮的男青年痛苦不已。他抖掉了自己身上的懶肉，下把力氣，幫助男青年埋葬了父母，沒料到男青年摘掉帽子竟是個漂亮的姑娘。姑娘看他心底善良是個好人，就執意要嫁給他，

紅棗國旗

他同意了和姑娘結為夫妻，兩人辛勤耕田，開出了一片綠洲，這就是美麗無比的若羌。

張亞平常常為若羌豐富的物產和勤勞的農民而自豪，又為若羌人並不富裕而疑惑。他不知道是土地捉弄了若羌人，還是若羌人捉弄了土地。

但張亞平堅信，傳說中的那個青年不就是因為改變了觀念（方向），最終走出了沙漠，迎著太陽升起的地方（目標），不僅找到了意中人，還與妻子開耕了一片綠洲嗎？

張亞平決定親自帶農民到外地去看看！到中國的紅棗之鄉走一走！

張亞平到了中國紅棗之鄉河南新鄭孟莊。當他看到那成片成片的棗林，他近乎陶醉了。他無暇去看鱗次櫛比的樓房、規模宏大的古建築遺址。這位來自中國新疆的縣委書記，被眼前的景觀震撼了。

他決定多看幾個地方。於是，他又到了柳林，一座座嶄新的農民新村使他眼花繚亂，一棟棟獨家獨院的二層小樓使他不敢相信這就是中國新農村。他又到了河北太行山脈與冀北平原交界的行唐紅棗之鄉，行唐紅棗距今已有二千多年的歷史，是中國最早種植紅棗的地方。那裡的農民不一般，把小小的紅棗竟做成了全國市場，有的農民還將紅棗生意做到了國外。

張亞平為給若羌尋找一把金鑰匙，沿著中國紅棗之鄉跑了一遍。那裡沒有金鑰匙，卻有一串串珍珠般的新農村和一串串嶄新的名詞。每到一處，他都有不同感受，更有一種緊迫感。夢再美麗再動人，那是別人的美麗動人。當他一回到若羌，面對貧瘠的土地時，他的心又被冷峻而殘酷的現實所觸動，他再也無法平靜。他知道，若羌不像新鄭，地理位置得天獨厚，生態環境優雅舒適；更不像柳林，既有近水樓臺的優勢，又有便利的交通和發達的信息渠道；也不像行唐，紅棗種植已有二千多年歷史，且已形成巨大的規模。若羌就是若羌，一個遠離北京、省城，甚至與州政府也相隔近五百公里的偏僻小縣。

張亞平沒有因為內地農村彩虹般的前景和現代都市般的規模而小視他所領導的全國面積最大、也是全國人口最少的縣。若羌如何走特色農業之路，張亞

平首先想到的是若羌如何建立新的經濟增長點。

二〇〇一年，張亞平下定了決心。他在全縣農村工作會議上對鄉幹部說：「因地制宜，因人而宜，我能理解。但你們想沒想過，我們若羌不比其他縣，更不能和內地比，內地的生態基礎好。就說種樹吧，人家栽下一棵樹就再不用管理，不用澆水，不用施肥，那是人家的生態環境得天獨厚，我們呢？種一顆樹，就要比別人多花費十倍的力氣，我們一棵樹成本假設是一百元，人家可能是一元！我要求大家種紅棗，不是沒有科學依據的，從我們的考察來看，我們種植紅棗是完全有條件的。首先我們的光照時間長，溫差大，紅棗品質肯定比內地的好，就說我們的哈密瓜，為什麼比內地的甜，就是這個道理！再則，我們農業用水的條件非常嚴峻，而紅棗的用水量卻很少，如果我們把生態林業發展起來，讓若羌變成紅棗之鄉，我們不單是雙贏，而是三贏啊！一贏是生態，二贏是經濟，三贏是社會效益！」臨了，他堅定地說：「若羌必須走生態立縣之路！」

守望家園

二〇〇七年十一月，我應邀去若羌採訪。在這之前，我就在新疆多家新聞媒體上看到過對若羌紅棗產業的有關報導，最讓我感慨萬分的是這樣一個細節：

二〇〇七年九月十二日，原人大常委會副委員長鐵木爾・達瓦買提在視察若羌縣農民的棗園時，他用手撫摸紅棗說：「都是農民的血汗錢呵！」

之後，晚宴時，鐵木爾副委員長舉起酒杯與張亞平喝交杯酒：「小夥子，我們當領導的，感情是第一位，與各族人民有深厚感情才能做出紅棗產業。」

當真實的若羌出現在我面前時，我疑是在夢中。

雖然是冬季，我卻聞到了春天的氣息。棗園縱橫交錯地把田野星羅棋布地連成了片，我走進了一個棗農家：「棗子的收成好嗎？」

「不算太好。」

「你今年收入多少？」

「也就幾十萬吧！」

「毛利還是純利？」

「肯定是純利呀！」

「哈，還不算好呀？」我打趣地說。

那棗農咬著一顆紅棗說：「我們以後會更好！」

我感到若羌的農民有進取心，他們對新生活和新農村充滿了渴望和追求。

我又問：「你老從什麼時候開始種紅棗？」

「二十多年前吧，從和田引進的紅棗，當時也就十來棵，在田裡插種。」

「掙上錢了嗎？」

「那幾年紅棗都賣到了五塊一公斤，那是一九八六年呵，一公斤紅棗五塊錢，是什麼概念？」郭樂喜形於色。

「現在那些棗樹在嗎？」

「還在，已經發展到四百多棵了。」

「那這幾年的價錢呢？」

「二〇〇一年十元一公斤，二〇〇二年十五元，二〇〇三年二十元，二〇〇四、二〇〇五年四元，二〇〇六年冬棗賣了四十元，二〇〇七年特級棗賣到了六十元！」郭樂如數家珍般地給我算賬。

「你是黨員嗎？」

「是！」

「那村裡的人找你取經，你願意教給他們嗎？」

「教，有什麼不教的，我親自到他們園子手把手教呢！」

若羌縣紅棗精選工藝車間

「收學費嗎？」

「哪能收錢，鄉里鄉親的況且都是維族兄弟，要講團結呢！」

在郭樂的後院就是一片棗園，他帶我走進園子，指著這片園子對我說：「這是從內地引種的紅棗，價錢比原產地賣得還高！」

「這叫什麼棗？」我指著一棵棗樹問。

「冬棗。」

「產量好嗎？」

「畝產近二萬元。那一片是六年生的灰棗，每畝也是二萬元，亞平書記二○○○年來的時候，我已經有了四畝地，每畝淨收入一千七百元，到了二○○一年，每畝增加到三千四百元，二○○二年又增加到五千多元。現在掛果的有三十畝，內銷都不夠。」

「咋就這麼好賣？」

「養顏、降血壓、降血糖，有藥用價值呀！這個品種叫金絲一號，這個叫金純蜜，對中年老年都有好處。」郭樂邊說邊指著自己，「你看我現在氣色多好，不像前幾年血壓高、血糖也高，現在沒有了。」

在與農民的交談中我找到了答案。

我靜靜地聽著，我感到新世紀的農民的思想意識已經甦醒了，這些農民渴望自身的價值被人認可，更渴望自身的價值能在社會實踐中得到充分體現。當郭樂把心裡話一古腦兒地倒出來後，我也吐出了自己這些年來對農業、農村、農民的思索：「改革開放三十年了，中國農村發生了翻天覆地的變化，走過了失敗與成功的坎坎坷坷，而你們若羌的農民卻走出了自己的一條路，走出了一條以生態園林為主，以其他產業相結合，以科技指導農業的好路子，的確不容易呀！」

「黨的惠農政策好呵，現在的領導幹部好呵！就說亞平書記吧，你看他的穿著哪像縣委書記，一頂遮陽帽，一身工作服，一雙旅遊鞋，就憑這身穿著你就能和他心貼心，用不著低三下四的。記得亞平書記剛來時，不知咋地，他就對我的棗園子產生了興趣，三天兩頭來，無論颳風下雨，從不間斷，後來竟看出了門道兒。他對我說，老郭，你這棗前景好呀！我說，不瞞你書記說，這棗的收益可是小麥的二十倍呀！耗水也少，適合我們若羌大規模種植。」

從棗園子出來，我的心異常興奮。迎面一陣風吹來，彷彿春的氣息，使人陶醉。與郭樂的交流，使我彷彿感到了若羌農村深埋於土地裡的勃勃生機，正躍躍欲試，蓬勃而發。若羌的冬天啊，正孕育著春的鮮活、秋的成熟。

歡樂的棗園

綠色之愛 07章
不應忘卻的身影

拯救塔里木河，是千千萬萬人共同參與的偉大事業。從中央領導到塔里木河流域的生態移民，從出謀劃策的專家到普普通通的治河工人，從新疆地方各級政府到生產建設兵團，無數人為了這項偉大的事業付出了辛勞和汗水。如果寫他們拯救塔里木河的故事，那將是一個同樣浩大的工程。

　　我在採訪中發現，在拯救塔里木河的行動中，活躍著許多塔里木人，他們為了建設美好家園，付出了許多許多。他們在荒漠中奔走的身影，是我們不應該忘卻的。在這裡，我想寫一些為了拯救塔里木河，付出巨大犧牲的普通人，寫他們的一點一滴，寫他們對土地的愛，也許只為兩個字：綠色。

綠色兵團

　　一九五四年十月，中央人民政府命令駐新疆的中國人民解放軍西北野戰軍大部集體就地轉業，脫離國防部隊序列，組建生產建設兵團。兵團的使命是勞武結合，屯墾戍邊。二十世紀五〇、六〇年代，兵團在天山南北的塔克拉瑪干、古爾班通古特兩大沙漠邊緣和自然環境惡劣的邊境沿線，興建水利，開墾荒地，在茫茫戈壁荒漠上建成一個個田陌連片、渠系縱橫、林帶成網、道路暢通的綠洲生態經濟網絡。

　　隨著拯救塔里木河號角的吹響，駐紮在塔里木河流域新疆生產建設兵團也加入到塔河生態文明建設的隊伍中來，為拯救塔里木河作出了突出的貢獻。二〇〇七年，兵團建設環保局局長鍾波說：「在五十多年的發展歷程中，兵團始

節水灌溉

終把保護環境和改善生態環境及生活環境、防止生態環境破壞放在重要位置，一代又一代軍墾人用勤勞的雙手，披荊斬棘，防風固沙，拓荒植綠，興修水利，使亙古荒漠煥發出勃勃生機，極大地改變了新疆的生態環境……」這話是客觀的，兵團自成立以來，就非常重視駐地的生態建設。在拯救塔里木河的大背景下，他們更是根據國家的統一要求，建設成了一支名副其實的「綠色兵團」。

二〇〇〇年初，駐塔里木河流域的兵團的四個師（局）的領導，和當地五個自治州、地區的領導一起，與塔管局簽訂了年度用水協議，明確了生產生

活和生態用水的比例。這是根據最嚴格的水資源管理制度指標確定的，兵團也不例外。

兵團農一師下屬各團場分布在塔里木河上游的阿克蘇河至塔里木河幹流一帶。多年來，他們堅持節約用水、計劃用水、科學用水，採用噴灌、滴灌和細流溝灌等先進灌溉技術，節約了大量水資源。二〇〇〇年元旦剛過，各團場就開始引用冬閑水，抓緊農田的早春灌溉，減少冬灌地復水，以便節約水資源。

農一師的生態防護林建設，也取得了顯著的成效。他們的主要做法是：第一，加強墾區天然濕地保護與恢復，遏制墾區生態惡化的趨勢，改善生態環境，減少風沙侵蝕，有效保護濕地內珍稀動植物；第二，加大塔里木盆地西北緣綠色生態帶保護修復力度，封育和保護荒漠植被，建設大型基幹林，形成喬、灌、草、網、帶、片多林種，林、渠(井)、路相結合的綜合防護林體系；第三，加快沿塔里木河、阿克蘇河、多浪河兩岸水土保持護岸林建設，遏制河流對耕地的沖刷，切實保護耕地；第四，加快阿拉爾市五條樞紐公路「綠色通道」建設，改善生態防護功能，確保交通要道的暢通；第五，鞏固退耕還林還草工程建設成果，形成穩固的生態防護體系，確保生態效益與經濟效益雙豐收；第六，加快農田標準化建設，全面推廣造林新技術，提高農田林建設質量。第七，是結合新型團場建設，在連隊實施「綠色生態莊園」工程，著力建設「居民區周圍森林化、內部道路林蔭化、職工庭院園林化」新型連隊一百個，使各團場居民區綠化覆蓋率達到百分之四十以上。

農二師各團場主要分布在塔里木河下游，這裡位於被稱為「死亡之海」的塔克拉瑪干沙漠的北緣，這裡是生態災難的多發地帶。一九九四年五月中旬，一場黑風暴僅用了十五分鐘，就將農二師三十六團一條寬十米、深零點六米的水渠淤為平地；三十四團、三十五團五萬多畝剛出土的棉苗，頃刻間被風沙掩埋，直接經濟損失達二千五百萬元。農二師的幹部戰士深知綠色走廊對生態環境的重要性，義無反顧地擔當起拯救和保護綠色走廊的重任。農二師原總農藝師陳吉良認為：「在塔里木，無林業即無農業，沒有良好的生態環境，就有可

能重演屯墾一代而終的歷史悲劇⋯⋯」

2000 年初，農二師提出，採取生態林與經濟林相結合、人工生態與保護自然生態相結合的建設辦法，力爭在「十五」期間建成 25 萬畝人工綠洲。農二師 32 團在陳吉良的提議和主持下，大力開展植樹造林。到 2007 年，該團的果林面積已達到 1.5 萬畝，果園面積達 5000 畝，林帶覆蓋率達 38%，在塔里木墾區第一個實現農田林網化。

農二師還利用利用先進的噴微灌節水技術植樹造林、退耕還林還草面積 3000 公頃，封育治理天然林 2 萬餘公頃。2007 年 5 月，特大沙塵暴再次襲擊塔里木河流域。塔克拉瑪干沙漠邊緣的農二師沙本應是「重災區」，但是他們的生態林發揮了不可替代的作用。到 2010 年，農二師綠洲林業面積可達 95.5 萬畝，其中人工防護林面積 32.8 萬畝、經濟林面積 62.7 萬畝，果品總產可達 30 萬噸，產值逾 7.5 億元。

農三師各團場主要分布在葉爾羌河流域。在綜合治理塔里木河的行動中，他們開展了大規模的防滲節水行動。1999 年，該師 48 團投入了巨額資金，建成 2000 多畝棉田的噴灌項目。他們還通過實驗，為一部分果樹引入新近的滲灌材料，由傳統的灌溉變為先進的「潤根」，使果樹的根系生長在濕潤的環境中，既提高了水果的質量，又節約了大量水資源。該師 45 團除了採用傳統的塑料佈防滲外，還修建了縱橫交錯的水泥板防滲渠道，控制住葉爾羌河河水的嚴重滲漏，大大提高了河水的利用率。

為了形成了人工林、天然林與荒漠植被為一體的綠洲生態系統，兵團編制了生態功能區劃，將兵團轄區劃分為 5 個生態區、14 個生態亞區和 35 個生態功能區，對規劃區內的植被分期分批進行保護，對野生植被實施積極的管護和封育。在農三師，野生甘草生長區域就有 50 畝，全部進行了人工管護，其中對 7 萬畝進行了人工圍欄封育措施。對甘草的保護，不僅保護了物種和中藥資源，也保護了綠洲生態環境。2005 年，沙漠化土地已由 1999 年年均 67.5 萬畝降低到現在的年均 15.6 萬畝，沙漠化土地每年增加的速度大幅度減緩，土地

塔里木河的胡楊

沙化的趨勢得到了有效遏制。

　　2005 年 5 月 15 日，兵團政委聶衛國在農二師 31 團生態林工程現場考察時，觸景生情，感慨萬端。他說：「兵團不但是屯墾戍邊、鞏固邊防的重要力量，也是環境保護、生態建設的主力軍。植樹造林，防風固沙，造福子孫，兵團人義無反顧地與大自然頑強抗爭，勇敢地擔起了生態建設的神聖使命……」

　　對於新疆生態建設的神聖使命，兵團人一直用自己的行動踐行著。

大漠中的打井人

　　綠障青屏，煙嵐飄流，碧水彎彎。紅柳、沙捌棗猶若一隊隊巡邏的衛士傲然挺拔。眼前就是河東治沙站了，那可是且末治沙防沙的主戰場，還有這沙山漠原綠障根須下藏著的寶貝大芸（學名管花肉蓯蓉）。

　　眼前的一切，如果倒退到十六年前的一九九八年，居來提‧庫爾班面對的可不是驕傲，而是內心的煎熬。

　　十六年前，當一隊治沙大軍開進這個「前沿」陣地的時候，一千多名幹部職工和學生望而卻步了。那是四月的且末，沒有路通向「前沿」，這隊人馬止步觀望。突然，一個身影跳進車爾臣河，驕健的步履像一支箭直射「前沿」。他就是且末縣「全國綠化勞動模範」庫爾班‧塞都拉。在他的感召下，這隊人馬涉水而過，向「前沿」湧去。缺水！那一棵棵紅柳、沙捌棗張嘴企盼著救命的水！於是，這隊人馬排成長龍，一桶桶、一盆盆提著、端著將水像「點滴」一般輸送給紅柳、沙捌棗。

　　四年後的二○○二年，老縣長庫爾班‧塞都拉的兒子居來提‧庫爾班肩負著父親的囑託，懷揣著縣委領導的期望，大踏步向「前沿陣地」走來。

可是，車爾臣河擋住了他走來的腳步，沙丘漠路阻礙著他的步履。六月，塔克拉瑪干地表溫度接近四十度，彷彿他自家的「饢坑」。通向治沙工地的路近五公里長，且彎彎曲曲，凸凹不平，有時剛一落腳，便陷進一二十公分深的沙土裡，舉步維艱。

要修這條路，得先架一座橋，不然，拉來的沙石料將無法運抵河對岸。居來提·庫爾班想方設法東湊西拼，硬是架起了一座鐵橋。建成後，一算賬，只花了一萬元。

碎石料一車車運來，沙石路一米米延伸，近五公里路，居來提·庫爾班不知走了多少遍，趟了多少回！塔克拉瑪干沙漠寬度直線距離五百公里，居來提·庫爾班至少走了近萬公里。路通了，他帶著全站職工到離縣城百公里外的荒漠中採挖紅柳苗，以節省苗款。二〇〇四年冬春之交，是河東治沙第二期工程期限的最後一年，眼看著已初具規模的綠色長廊正在延伸，可是，錢沒有了，治沙工程陷入困境。入夜，居來提·庫爾班緩步走向屏障，已露出芽苞的沙捌棗，在夜風中揮舞著小手，彷彿向他致意。此刻，居來提·庫爾班突然發現了一個有趣的現象：隨風飄舞的細沙打著轉兒聚集在沙捌棗根部，不一會兒就鋪滿了厚厚的一層，而且越積越厚，就是不肯離去。

第二天一大早，居來提·庫爾班又來到這棵沙捌棗跟前。昨天晚上聚集在它根部的沙層，又增厚了，而且緊緊地將沙捌棗包裹住。此刻的居來提·庫爾班忽然想起縣委書記李天祐常掛在嘴邊的話：「我們渴望綠色，與其和諧相處，但我們更應該和沙漠和睦相處，與自然相依為命……」

此前，居來提·庫爾班不解其意，現在他有點明白了：人類再不能說「征服自然了」，自然界也有脾氣呢！惹怒它，它就跟你不停地搗蛋；你對它好，它就對你好。你看，沙捌棗對沙漠好，沙漠就緊緊地聚在它身邊，團結得像一個人一樣！

這天，居來提·庫爾班跑到縣委，他要找縣委書記李天祐。一進門：「李書記，我們碰到麻達（註：維吾爾語，意思是有問題了）事了，河東治沙工

程幹到現在錢沒有了……」居來提‧庫爾班從來沒有這樣急促地對李書記講過話。

李天祐書記：「貸款，我批准你！」

居來提‧庫爾班從銀行貸款一百萬，又幹了起來。

打井取水，是當務之急。可是隨著治沙帶從十米、二十米、一百米，直到六百米向沙漠深處延伸，現有的一二口井根本抵不住大漏斗一樣的沙地，這邊剛澆完水，一會兒就被吸吮的沒了蹤影。綠色不斷延伸、擴展，用水又不斷增加。水，困擾著居來提‧庫爾班。

打井，繼續打井。在沙漠中打井談何容易？一米，二米，打到五十米，碰上岩石了，挪個地方再打，直到鑽鑿一百多米深，清亮亮的水終於噴湧而出。一萬多畝綠色的沙障被乳汁般的水滋潤得生機勃勃。

風，且末的風刀子一樣利，強沙暴又時常來助戰。稚嫩的樹苗哪經得起這樣的摧殘。有的被風連根拔起，有的被沙塵掩埋，脆弱的綠色生命，時常會遭到風暴的打擊。

常常是一場風過後，一片狼藉。管線要重新接，樹苗要重新栽，很多工作在重複中不斷重複……

初具規模的綠色屏障正接受洪水的考驗。居來提‧庫爾班他們是它的保護神。打木樁、壘沙袋，三十多名職工在冷冽、刺骨、齊腰深的洪水中與其展開殊死搏鬥。

日子搖搖晃晃步入了二〇〇八年。

綠障青屏，煙嵐漂流，碧水彎彎，綠樹成蔭！傳奇的神話彷彿車爾臣河的水潺潺流向大漠深處……

終於，且末人回到了自然的懷抱。近十年來，與十年前相比，年平均沙塵暴天氣已由十七天降至到九點七天；年平均浮塵天氣由一百六十三天減少到九十四天；年平均降雨量從二十二點三毫米增加到二十四點五毫米。

枯燥的數字變化，卻演義著一段不被人所知的故事。宛延的漠路小徑上由

且末廣場噴泉

一個身影幻化成無數個身影，那無數個身影便是播綠的使者，哪裡有他們，哪裡就有生命的傳奇。經過漫長寒冬襲擊的且末，它頑強的生命終於托出一片新綠。

綠色之愛

那天晚上，在團場賓館，我終於又有機會和羅光榮團長見面，我們海闊天空，無所不談，主題觸及農業生產、團內基本建設、西部大開發、生態環境保護。

「沙石路，每年平均鋪二十五公里，全團一百八十公里，今年已基本完成，還有十公里的柏油路，已著手動工；雙防滲渠道，十支渠已完成百分之七十，把過去因缺水丟棄的荒地重新開墾出來，種果樹，既防風擋沙，又增加經濟收入，兩全其美。」

羅光榮團長如數家珍般侃侃而談，語氣堅定，流露出對塔里木的希冀。

送走羅光榮，我獨自來到田埂上，聽著田裡的蛙鳴，看著天上的星星，我的耳邊迴響著幾天前十連的老職工對羅團長的評語（羅曾在十連當連長）：

——這小子行！說起來他還挺有意思，他是接他哥哥的班當連長的。這小子能吃苦，能和職工打成一片，連隊裡每一條田的土質、方位，哪裡容易跑水，哪裡需要加埂子，需要除草，哪塊地需要平整，他都清清楚楚，瞭如指掌。

——羅光榮有眼光，不急功近利，從抓植樹造林這點就可以看出來，條田林網化，十連是最先達標的。過去十連一直是靠團裡輸血過日子，自他接任後，開始逐漸盈利，糧棉不斷翻番。

——的確，他做事讓人服。有一年春天栽樹，他從妻子身邊走過，發現有一顆小樹栽得「異常」，他順手一拔，樹沒有根，是他妻子不小心把根砍斷了，她把砍斷的樹打了「埋伏」。當天晚上，連裡的高音喇叭吼得山響，職工們的耳朵膜震得生痛：「×××挖死一棵樹苗，罰款二十元。」

沒錯，第二天，當我和他一同驅車「轉」的時候，果然，職工們的那些話

得到了驗證。

我們先是駛往興地山，沿途兩旁的農田蔥鬱而生動，透著勃勃生機。林帶如長龍般「盤踞」在綠色方陣的田野兩旁，5 年前的那番淒涼景象雖然還依稀可見，但已大大改觀，枯死的樹木早已被新栽的樹取而代之。漠野上，綠色植被開始復甦，紅柳、芨芨草、胡楊樹吐出新綠，難怪老羅講，在塔里木，要想糧棉增產，必須先種樹，保護好生態環境，綠色植被。

20 世紀 70 年代初，由於缺水，農場周圍的森林和綠色植被大面積死亡，狂暴的風沙殘酷地侵擾著農場邊緣的連隊和條田；加之 35 團是塔里木河最下游的團場，正處在風頭水尾。塔里木河巨大的「龍體」被「折騰」的傷痕纍纍，因而注入大西海子的水量越來越少，配給 35 團的農業用水急遽下降。從數量上看，1990 年配水 3000 萬方，1992 年 2600 萬方，1993 年竟猛減到 1530 萬方。而耕地面積，也相應從最高年份的 69000 畝減至 1989 年的 53000 畝，到了 1993 年也只能種植 25406 畝。短短 4 年時間，35 團被迫放棄耕地 27504 畝。這些綠色的耕地呵！是多少人用汗水澆灌，是多少人用心血鑄就！連隊旁墳塋上立著的那一塊塊石碑和一座座墳塋以及墳塋中數千名拓荒者可以作證！

1998 年，這個團的農業用水由於洪水來的太晚而奇缺，造成棉花生育期嚴重缺水，再加上每年 2 月至 6 月 4 個月裡，狂風、沙暴肆虐，乾熱風三六九，小風天天有，一場風颳三天，三天一場風。8 級以上的大風每年都在 20 次以上，最多可達 39 次，浮塵日年均 130 天左右，農業生產遭受巨大的自然災害就達 3 次以上，每年直接經濟損失達 1000 多萬元。

面對嚴峻的形勢，團場黨委克服重重困難，一方面加大團場生態環境建設的力度，努力改善團場的生產條件和生活條件；另一方面抓好防護林、果園和自然植被的建設。目前，這個團已建成防護林 100022 畝，果園 9300 畝，累計投資 2705.08 萬元。1998 年收回棄耕地，造林 2230 畝，種植果園 1400 畝，共計投資 508.2 萬元，養護自然植被 17 萬畝，投資 170 萬元，人工扎沙障數 10 公里。1999 年被國家納入生態環境重點保護縣（團）共投資 725 萬元。這個

沙漠新綠

團認真按規劃設計完成了該項目實施的全部工作，被國家環保工程監理公司認可。

　　果然，環境改善確實是名副其實。沙石路兩旁的沙丘已披了金色的「披肩」，好壯觀！

　　「這些應該是國家投資的，企業花錢搞這個，合算嗎？」我提出疑問。

　　「有什麼不合算，搞這個不能用合算或者不合算來衡量，因為在我們的肩上扛著兩副擔子，一副是糧棉，一副是生態和綠色植被。當然要擔起這兩副擔子，安居也是頭等大事，安居才能樂業嘛！因此，我們黨委一班人狠抓危舊住房改造，我們在 2000 年底完成土木結構磚房 300 幢，修建團內通往連隊、條田、營區道路 100 公里，加上 1996 年至 1997 年 80 公里共計 180 公里。1998年至 1999 年從興地山引進團部的無污染水全部通往連隊。為節水抗旱，雙防滲透水泥板渠道已完成 80 公里，預計年底支幹渠防滲工作也將全部結束。」

　　塔里木墾區 5 個團場的幹部職工唯一的出路就是要和風沙、乾旱進行決戰。僅就 35 團 1 個團場的數據顯示：從 1991 年開始，嚴重的乾旱使 6378 畝棉花的零量只有 5 克左右，年底一算帳，產量比原計劃歉收 100 萬公斤，直接經濟損失達 450 萬元，加上香梨減少 300 噸，經濟損失又是 100 萬元。1992年，棉花減產 130 萬斤，經濟損失 530 萬元；香梨減產 850 噸，經濟損失 200萬元，農林牧共損失 806 萬元。

　　1993 年，是塔里木墾區 3 個團場農業生產最慘重的一年。35 團農業用水只分得 1530 萬方，為正常年份水量的 1／3。嚴峻而又殘酷的現實一下子把6423 人推到生死存亡的緊要關頭。

　　31、32、33、34 等團場遭受了風沙、乾旱、冰雹沉重的襲擊。

　　面對墾區這樣的局面，師黨委號召全墾區的廣大幹部群眾勒緊腰帶、艱苦創業，並要求墾區各團場首先解決生存用水。由師裡投資一部分，各團場自籌一部分，從興地山（塔里木人都稱之北山）鋪設管道引泉水下山，浩大的引水工程在墾區展開。

公路兩邊種滿植物

　　為了安定人心，堅守這片陣地，各團場黨委提出了三個保證：一是保證按
月發工資；二是保證職工庭院經濟、蔬菜地不受旱；三是保證年底人均收入有
增加。

　　於是，一個個抗旱增收方案「背水」出臺，三前平地（耕前平、灌前平、
播前平），保障水的利用率。

領導帶隊，嚴格配水量，澆水定時、定人、定地塊。

小畦化澆灌法，免去開溝灌水的程序，保證墒期。

不揭膜澆灌法，保墒期長，同樣可以節水。至一九九四年，全墾區斗渠以上的幹渠全部鋪上了防滲膜。每年七月來洪水，為了有效利用洪水，塔里木各團場都要派出精壯勞力到東河灘扒壩引水入庫，為來年用水做準備。

每年冬季十一月分，已經成了慣例，五個團場都要輪流沿塔河河堤堵缺口（有些農牧民為了自己的利益，私自將河堤扒開口子澆草場、農田），一九九三年這一年，又輪到三十五團。三十五團指派營建連連長淳松柏帶領職工去堵壩。十一月的天，已是寒風刺骨，河水鑽心，而水流量又都在十四到十六個流量。堵缺口時，如果有一個人不小心，就有被水沖走的危險，堵缺口可以說是一次生與死的大搏鬥。每到此刻，淳連長總是大喊：「共產黨員跟我下！」於是，許多人就跌跌撞撞地跳下河，每一次都凍得篩糠般渾身發抖，嘴唇烏紫，喘著粗氣。

團場的人說：「水是我們賴以活命的血液，水是我們養育綠洲的甘露。」

「我們只有在這片土地上生存下來，才能保住這片綠洲，才能守住中國西部塔里木的綠色走廊。我們的肩上扛著兩副擔子，一副是糧棉，一副是生態和綠色植被。」

「儘管眼下我們生活的這片土地因為缺水已嚴重沙化，有的地方出現沙進人退，一些果園被沙漠吞食，農田被沙漠掩埋，但我們依然在為國家創造著財富！我們的香梨、棉花遠銷國內外。」

「為了抗旱節水，我們採取了很多強制性措施，其中最重要的是降低畝用水量。棉花播前灌水（赤地灌水），按規定應在一百五十到一百八十方／畝，而現在我們壓縮到一百二十七方左右；我們從上至下，對灌水工作進行了一系列嚴格的規定，制定了嚴格的用水、灌水制度。」

「塔里木」翻成漢語的意思是「我們的家園」。現在塔里木人的家園正受

到乾旱、土地沙化的嚴重威脅，塔里木河上游無節制地搞土地開發，加之兩岸的農牧民為了自身的生存和發家致富，扒口子，澆草場、農田，造成塔河幹流下游來水量急遽下降，幾盡斷流。

目前，塔里木河兩岸已經停止了毀林開荒，自治區人民政府決定壓縮三百萬畝棉田，這一計劃在三年時間內分期完成。

二○○○年，巴音郭楞蒙古自治州退耕還林十一萬畝，並且提出要在五年內退耕還林七十萬畝，退耕還草三十三萬畝。

一些保護性措施已在塔里木河下游實施。在自治區人民政府的大力支持下，二○○○年五月，大西海子水庫向塔里木河下游斷流的河道輸水一億立方米，輸水效果十分顯著。

塔里木河畔

從二〇〇〇年五月至二〇〇七年十月，先後九次向塔河及塔河下游輸水22.59 立方米，其中，塔里木河幹流下洩水量達 9.35 億立方米；已六次將水輸到臺特瑪湖；下游沿河兩側地下水位由輸水前的八至十二米（植被生長臨界水位）升高到 4.13 米，地下水礦化度由輸水前的 5.14 克／升下降到 2.3 克／升，地下水位平均寬度超過一千米；植物物種也由輸水前的九科三屬十七種增加到十二科二十六屬四十六種，天然植被恢復面積增加了一百八十平方公里，覆蓋率增長了五倍以上。

乾涸的河道周圍的胡楊樹、紅柳、蘆葦等植物葉片上開始露出翠色，已經快要絕跡的鳥，也歡快地飛到這裡嬉耍。

新疆一些組織開展了保護塔里木河的募捐活動，捐款用來在河的兩岸植樹造林。

塔里木河曾是絲綢之路的一條古道，昔日這裡水草豐茂景色宜人，現在的塔里木河流域道路邊有林帶，田間地頭有林網，農家院外有果園，再加上大規模的退耕還林，已初步建起一道「綠色長城」。

綠葉人生

四十三歲的劉選新，是塔里木河流域管理局巴州管理處英巴扎水利管理站高級技工。

二〇〇一年七月十八日，還在輪南鎮英巴扎水利管理站值班的劉選新突然接到塔里木河流域管理局巴管處有關領導的通知：速回庫爾勒，明天十九日休整一天，準備一下監測器具，二十日趕往若羌。本來，這天是劉選新在英巴扎值最後一天班，明天是他休班的日子。可是，領導的臨時安排多少讓劉選新有

點「那個」，妻子怎麼樣？父母親怎麼樣？劉選新時常這樣惦念家人。劉選新有過一次失敗的婚姻，因而，他對第二次婚姻備加珍惜。家庭、事業對於已到不惑之年的劉選新，二者他都看得很重。

二○○一年七月二十一日。這是一個十分炎熱的夏日。

新疆塔克拉瑪干大沙漠，臺特瑪湖塔河下游庫爾干又一次豎起了勘測三角架。三角架的豎起再次向人們傳遞著一個信息：乾涸了近二十年的臺特瑪湖來了一支水文測量小組。其實，早在春季四月十六日至三十日，劉選新就被塔里木河流域管理局巴管處從英巴扎抽調到臺特瑪湖區域一帶的老河床進行了第一次勘測。當時共十人分兩組，但後來發現設計圖紙有些數據還不準確，必須進行複測。已有二十多年勘測經驗的劉遠新又一次被領導指派帶兩名維吾爾族同志執行複測任務。

二十日下午到達若羌縣，在阿拉幹道班一小客店住下。二十一日早晨六點多鐘吃完早飯，劉選新便帶領著木塔里甫和阿里木以及司機李會政往測量地駛去。當車開進庫爾干，司機李師傅擔心車進去會出故障，便停下車不走了。劉選新當即決定測量器具由三人分別扛上，徒步進入測量地點。

七月的庫爾干正值夏伏天氣，地表溫度高達六七十度。劉選新等一行三人艱難地在複測段揮汗作業。頭上彷彿頂著一盆火，腳下彷彿站在維吾爾人烤全羊的饢坑中。早晨從駐地小飯館帶的大米鍋巴、方便麵已在極度炎熱的狀態下無法食用，不得不全扔了。每人所帶的僅有的一壺水，是三個人的生命之水，誰都不敢放開嗓子喝，只能在極度乾渴時用壺蓋倒一點水潤一下嗓子。

劉選新就是一個普通的高級技工。他其實完全可以像其他兩個人一樣，作為普通技工進行測量，可是劉選新沒有這樣想，也沒有這樣做。儘管他只是臨時負責，他也「負」的到位，「責」的盡職。這次臺特瑪湖輸水是一項戰略性的輸水，它是關係到塔里木綠色生態的可持續性發展和南疆人民生死存亡的一次重要舉措。況且，這次複測是為十月一日臺特瑪湖全面進水做最後一次測定，不但任務重，而且時間緊，每個環節都要達到輸水要求，如果有一個環節

出差錯，整個工作將會前功盡棄。此時的劉選新深知責任重大，他不敢有絲毫馬虎。

飢餓在折磨著劉選新三人，乾渴在耗盡他們身上的水份，勞累，在這個時候已經顯得微不足道了。四十三歲的劉選新有高血壓，此刻，他感到頭昏眼花，邁動步子時，走在沙土地上就像踩在棉花上，感到雙腿發軟，力不從心。驕陽依然像火龍一樣向他們襲來，厚厚的鞋底抵不住腳下火爐般一樣的燒烤。本來在這種情況下，劉選新完全可以決定撤離庫爾干，第二天天陰涼時再進行測量，因為七月二十一日離十月一日還有足夠的時間可以進行複測。可是，劉選新沒有這樣做，他堅持要把最後的收尾工作進行到底，而那兩個年輕人卻有點支持不住了：「老劉，回吧，實在太熱、太渴！你看現在都下午五點多鐘了，就剩那點數據明天至多一二個小時就完成了。」

劉選新說：「兄弟，就剩這點工作了，幹完回庫爾勒請你們吃烤全羊！」

兩個維吾爾青年一個十九歲，一個二十二歲，正值身強力壯之年齡，可是他們都已經挺不住了，他們想趕快離開這可怕的炎熱之地。何止是炎熱，此刻的庫爾干簡直是火爐（庫爾干：維吾爾「烤乾」的意思）。在這近十個小時的作業中，劉選新的臉上已經被太陽灼傷，泛起了水泡，他已經感到體力不支，心身憔悴。在他眼前，庫爾干就像一片火海，地面上升騰著層層熱浪，彷彿熾熱的火爐被人澆上了水那種情形。那種熱，用酷熱、火熱形容一點都不為過。熱浪在不斷地升騰，情況已經十分危險！此時劉選新才決定返回駐地，返回駐地要往西邊公路行走八百多米。

但此刻，他們已分不清方向，盲目地往記憶中的地方行走。

他們三人扛著儀器、三腳架往回走。剛一邁步，劉選新就突然跌了一跤，他以為是不小心被什麼絆了一下，接著爬起來又走了幾步，突然，他又跌倒了：「我不食言，剛才我已經許願，回庫爾勒後請你⋯⋯們吃⋯⋯烤⋯⋯全羊！」劉選新說話已斷斷續續。

木塔里甫見劉選新情況危險，趕緊叫阿力木上公路攔車求援。阿力木走後不久，木塔里甫覺得阿力木太年輕，又渾身是沙土，不把他當作逃犯，也極有可能把他看作要飯的。木塔裡甫走到劉選新面前：「老劉，能挺住嗎？」

「還行！」劉選新其實不知道，人在死亡之前會有一種力量，這種力量比他在正常狀態下更有力，更富有生命之力，就像人們常說的「迴光返照」吧。

「老劉，阿力木去攔車可能不會有結果，他太年輕，還是我去攔，你在這兒躺下，休息一會兒，我攔上車就來。」於是，木塔里甫在劉選新身邊架好三角架作為標記，然後拿上卡尺也離開了劉選新，向公路方向的疾速走去。氣溫越來越高。木塔里甫走的時候最多不到六點，而劉選新當時所在的地方離公路才八百米。可當他們找到救援的車時，返回劉選新所在的地方，已是夜裡一點多鐘了，因為找不到劉選新遇難的準確方位，時間整整過去了七、八個小時！

人在烈日下經過長時間的灼烤，已完全變形，浮腫得不成人樣了。

劉選新被人們運回了若羌縣人民醫院。經若羌縣人民醫院驗屍後認定為：中暑導致呼吸循環系統衰竭而死亡。

向塔里木河下游綠色走廊輸水，一直是人們關注的焦點，也是自治區和水

塔里木河胡楊秋色

利部要著力實現的目標。劉選新是為水而犧牲！因為這水必須要經過疏浚測量才能到達臺特瑪湖，只有把水送到臺特瑪湖，下游綠色走廊才會重現昔日的風采。

　　早在二〇〇〇年夏、冬季，由博斯騰湖向塔河下游綠色走廊成功輸送了三點二七億立方米生態水，水頭行程二百一十五點六公里，使大西海子水庫以下二百餘公里河道周邊地域地下水位明顯回升，植被不同程度得到恢復，生態效益和社會效益非常顯著。這一顯著的成果，更加堅定了新疆維吾爾自治區人民政府繼續向塔河下游輸水的信心。儘管從博斯騰湖至臺特瑪湖距離長達九百三十公里，但第二次輸水水頭終點距特臺瑪湖只剩了一百四十公里河道，就是這一段河道，由於常年斷流已被風沙掩埋，河道疏浚清障困難極大，而測量這一段河道就成了塔里木河流域管理局重中之重的首要任務。要完成這個任務，必須有一支精兵強將組成的隊伍，劉選新就是這支隊伍中的一員。二十多年的測繪經歷，他踏遍了巴音郭楞蒙古自治州的山山水水，溝溝坎坎。在英巴扎，他埋下了水準標石；在臺特瑪湖，他留下了勘測資料，在庫爾干……他在給塔里木河流域綜合治理留下歷史性數據的同時，也留下了自己寶貴的青春，將有限的生命化作了無限的希望，用自己一腔熱血，向臺特瑪湖乾涸的軀體注入了生命的血液，那無邊的湖面泛起的波浪，那在湖面上振翅的鳥兒，彷彿可以看到無數「塔河人」的身影，看到不朽的綠葉的精神之光！

跋

由中國環境保護總局、國務院港澳辦公室、中國環境新聞工作者協會和有關單位於一九九七年共同設立的「地球獎」，旨在表彰在環境保護領域作出突出貢獻的宣傳、教育、科技、企業等社會各界人士，它是中國設立的第一個環境大獎，也是目前中國覆蓋領域最多、單項個人獎勵最高的環境獎項。

二〇〇六年四月二十一日，全國二〇〇六年度「地球獎」頒獎儀式在北京舉行。新疆若羌縣縣委書記張亞平榮獲二〇〇六年度「地球獎」，是此次評選出的十名二〇〇六年度「地球獎」個人獎中唯一獲此殊榮的縣委書記。

張亞平自二〇〇〇年擔任新疆若羌縣縣委書記以來，在他的帶領下，若羌縣各族幹部、群眾排除重重困難，向荒漠要綠洲，向貧窮和落後挑戰，在全縣範圍內大面積種植紅棗，已種植紅棗九萬畝（950 萬株），不僅使若羌生態環境大大改善，沙塵天氣由二〇〇〇年的四十九天下降到二〇〇五年四十五天，同時還使農民人均收入增加了 1575 元，總收入已達 4741.2 元，實現了生態、增收、穩定「三贏」的目標。

和田地區也非常注重生態修復工程，他們種植紅柳、大芸改善生態環境。二〇〇〇年至二〇〇五年累計人工種植紅柳 18.9 萬畝，人工接種大芸十四萬畝，既保護了原生態植被，又涵養了水源，使原來沙化的土地逐漸恢復生機。

從二〇〇〇年四月到二〇一三年四月，塔里木河流域管理局已連續十四次向塔里木河下游實施生態輸水 22.45 億立方米，加上車爾臣河水的匯集，已兩次形成二百餘平方公里的湖面，水域面積已超過歷史紀錄；恢復河道五百餘公里，結束了塔河下游河道乾涸近三十年的歷史。

二〇一四年一至四月中旬，塔里木河幹流來水偏少，其中阿拉爾來水僅 2.16 立方米，較二〇一三年同期減少 37.6%，比近十年平均同期減少 25%。

為此，塔里木河流域管理局加強水量統一調度管理，在滿足阿克蘇河流域灌區用水的前提下，將其餘水量集中輸向塔里木河下游。

經過此前的十四次生態輸水，塔里木河下游生態「脫水」的病情已有明顯改善，流域生態環境也得有效保護和恢復。生態下水洩流量為每秒 5.5 立方米，水頭已通過下游六十公里處的英蘇斷面，後期還將根據生產用水和生態輸水調整下洩流量。

監測數據顯示，較輸水前相比，塔里木河下游主河道一公里以內的地下水位由距地面八至十三米以下回升到四米以內；地下水礦化度由每升四至十一克降至每升一至三克；河道兩側植物物種由十七種增加至四十六種，天然植被面積已擴大達一千平方公里，沙化面積減少了 144.6 平方公里。二〇一三年四月塔河幹流水頭順利到達下游恰拉斷面，實測流量 3.8 立方米／秒，較近二十年平均提前了八十天，這是自塔河近期綜合治理實施十二年來，水頭繼二〇一二年四月二十七日到達恰拉斷面之後，第二次於四月分到達該斷面。

二〇一一年入冬以來，塔里木河流域管理局嚴格貫徹落實自治區對塔里木河流域水資源管理體制改革的批覆精神，按照統籌協調、總量控制、分級負責的原則，認真落實限額用水目標責任制，科學制定水調方案，切實加強全流域非汛期水量統一調度管理工作，在滿足源流阿克蘇河灌區用水的前提下，將其餘水量集中輸向塔里木河幹流。同時，在塔河幹流進一步強化水資源管理工作。通過開展河道集中執法，沿河巡視監督排查等措施，加大對違法取水、非法堵壩、隨意開口引水的查處力度，推護正常的用水秩序，基本保障了幹流沿線冬春灌用水。

水頭連續二年於四月分到達下游恰拉斷面，是塔河近期綜合治理成效的充分表現，也是落實最嚴格水資源管理制度和流域水資源管理體制改革成效的具體體現。據悉，經過十多年的綜合治理，塔里木河沿岸的生態狀況已大大改善。二〇一四年二月十二日，塔管局組織有關部門和專家召開會議，分別對塔里木河流域喀什管理局、巴音郭楞管理局二〇一四年水利維修養護工程（第一

批）實施方案進行了審查。

　　會議首先聽取了編制單位的匯報，進行了認真審議，並對個別工程設計方案提出了優化建議。會議要求喀什管理局、巴音郭楞管理局儘快修改完善報告，要求其總投資及編制原則要符合流域水利維修養護工程（第一批）計劃要求，並嚴格按照《新疆塔里木河流域管理局水利工程維修養護管理辦法（試行）》和實施計劃執行，確保工程正常運行。

　　水利工程維修養護項目是對水利工程進行養護和維修，維持、恢復或局部改善原有工程面貌，保持工程的設計功能。喀什管理局、巴音郭楞管理局水利維修養護工程（第一批）實施方案主要包括水閘工程、渠道工程、防洪工程、基礎設施等工程的維修養護。

　　除加大水利建設力度之外，十項水利改革也在進一步完善和實施中。加快水利領域的各項改革是二〇一四年水利工作的重點，全國水利廳局長會議討論了《水利部關於深化水利改革的指導意見》，這一意見涉及到十個方面的改革。

　　具體而言，在水行政管理職能轉變方面，進一步推進簡政放權，創新水利公共服務提供方式，推進水利事業單位和社團改革，建立事權清晰、權責一致、規範高效、監管到位的水行政管理體制，增強政府公信力和執行力。

　　在水資源管理體制改革方面，嚴守「三條紅線」，推進流域綜合管理和城鄉水務一體化管理，建立事權清晰、分工明確、運轉協調的水資源管理體制，促進水資源優化配置、合理開發、高效利用、全面節約、有效保護和科學管理。

　　在水權制度建設和水價改革方面，開展水資源使用權確權登記，探索水權流轉實現形式，構建水權交易制度，建立反映水資源稀缺程度和供水成本的價格機制，強化水資源用途管制，提高水資源利用效率與效益。

　　在水生態文明制度建設方面，健全水資源有償使用制度與水生態補償機制，完善地下水管理與保護制度，落實水土保持預防監督和治理機制，促進水

生態系統保護與修復。

　　此外，水利改革還涉及到河湖管理與保護制度建設、水利工程建設管理和運行管理體制、農村水利、基層水利管理體制等方面。

　　對新疆河湖水資源的全面保護，使得河湖生機重現。

　　春節期間，「梨城」庫爾勒出現了天鵝美麗的身影，在塔里木河尾閭臺特瑪湖也出現了天鵝的身影，細心的攝影愛好者用鏡頭記錄下了它們在臺特瑪湖「過新年」的美麗瞬間。

　　阿克蘇地區沙雅縣塔里木河古河道中上游段的胡楊、紅柳、甘草、羅布麻已大面積恢復生機，綠色風韻婀娜多彩；巴州輪臺縣沿河綠色植被生機盎然，胡楊林森林公園遊人如織，各類野生動物回歸自然，一派人與自然的和諧景象……

塔里木胡楊林公園

綠意盎然的博斯騰湖

昌明文庫・悅讀中國 A0607010

拯救塔里木河

作　　者	丁　春	
責任編輯	陳胤慧	
版權策畫	李煥芹	
發 行 人	陳滿銘	
總 經 理	梁錦興	
總 編 輯	陳滿銘	
副總編輯	張晏瑞	
編 輯 所	萬卷樓圖書股份有限公司	
排　　版	菩薩蠻數位文化有限公司	
印　　刷	維中科技有限公司	
封面設計	菩薩蠻數位文化有限公司	

出　　版　昌明文化有限公司

桃園市龜山區中原街 32 號

電話　(02)23216565

發　　行　萬卷樓圖書股份有限公司

臺北市羅斯福路二段 41 號 6 樓之 3

電話　(02)23216565

傳真　(02)23218698

電郵　SERVICE@WANJUAN.COM.TW

大陸經銷　廈門外圖臺灣書店有限公司

　　　電郵　JKB188@188.COM

ISBN 978-986-496-468-0

2019 年 3 月初版

定價：新臺幣 280 元

如何購買本書：

1. 轉帳購書，請透過以下帳戶

　合作金庫銀行　古亭分行

　戶名：萬卷樓圖書股份有限公司

　帳號：0877717092596

2. 網路購書，請透過萬卷樓網站

　網址 WWW.WANJUAN.COM.TW

大量購書，請直接聯繫我們，將有專人為您

服務。客服：(02)23216565　分機 610

如有缺頁、破損或裝訂錯誤，請寄回更換

版權所有・翻印必究

Copyright©2019 by WanJuanLou Books CO., Ltd.

All Right Reserved　　　　　　**Printed in Taiwan**

國家圖書館出版品預行編目資料

拯救塔里木河 / 丁春著.-- 初版.-- 桃園市：

昌明文化出版；臺北市：萬卷樓發行，

2019.03

　面；　公分

ISBN 978-986-496-468-0(平裝)

1.報導文學　2.環境保護　3.塔里木河

682.8　　　　　　　　　　108003204

本著作物由五洲傳播出版社授權大龍樹（廈門）文化傳媒有限公司和萬卷樓圖書股份
有限公司（臺灣）共同出版、發行中文繁體字版版權。